我們所能承擔的，多過我們所能想像

瑪雅・桑巴格・朗恩——著
Maya Shanbhag Lang

蕭美惠——譯

What We Carry: A Memoir

獻給我的母親。兩種版本。
也獻給我的女兒，她照亮路途。

錯覺是所有愉悅之首。——伏爾泰（VOLTAIRE）

我們說故事是為了活下去。——瓊・蒂蒂安（JOAN DIDION）

妳就是妳最好的禮物，柴特。妳就是。——童妮・摩里森（TONI MORRISON）

推薦序

我們能承擔，因爲我們能選擇

作家　朱國珍

故事從瑪雅剛剛生完小孩，無助地向母親尋求支持，母親卻選擇此時此刻向她娓娓道來一則神話：「有個母親抱著孩子渡河，河水比預期的要深，眼看水勢已經淹到胸膛，這時候她必須做出選擇，要救自己，或者救小孩……」

這則近似寓言又像謎題的神話，讓筋疲力竭的瑪雅感到不安。她剛歷經分娩的痛苦蛻變成為新手媽媽，有個出生九天的女兒需要照顧，她迫切需要具有醫師資格的母親向她伸出援手，而她的母親卻在這時候說出一個關於「選擇」的故事，並且做出結論：「我們不知道那名渡河的婦女做了什麼選擇，除非我們渡河，水淹到我們肩膀，除非我們身歷其境，否則我們無從得知答案。」

使用「神話」作為全書的序言，也是作者瑪雅．桑巴格．朗恩刻意建構的預言！倫敦大學名譽教授約翰．薩德蘭將神話視為文學「精采絕倫的開端」，認為人類創造神話是天生的特質：「我們會本能地將周遭發生的一切轉化為心理的型態和模式。」神話透過故事（文學的骨幹）和象徵（詩的本質）幫助我們在混亂中找出道理，也映照出人類的處境。

本書正是描述這種處境。正如同《紐約時報》編輯選書推薦這本書時所下的標題：With Mothers and Daughters, It's Always Complicated（與母親和女兒在一起總是很複雜）。事實上，這兩種角色所面對最複雜的狀況並不是生活本身，而是如何做出選擇。究竟要做一個自己「想要的母親／女兒」或者成為一個被「需要的母親／女兒」。

作者瑪雅．桑巴格．朗恩不僅是一位同時兼具母親／女兒兩種身分的女人，她的印度裔背景所養成的東方文化，與在美國出生長大的西方文化也不斷在碰撞。特別是父權對她造成的原生家庭陰影，這陰影也籠罩著聰明剽悍的母親犧牲自己為孩子苦撐三十年婚姻關係。母親的壓抑直到瑪雅與母親發生衝突時，母親吶喊著：「我所做的每件事都是為了我的子女。」才露出端倪。

然而本書並不是要告訴我們男性霸權之下的女性身影，相反的，瑪雅的母親蘇哈絲，是個二十三歲就成為合格精神科醫師的專業人士。她美麗又勇敢，會在瑪雅就診時命令牙醫師更換不潔的手套；也會獨自開車跋涉千里只為送來一張能夠舒緩女兒背痛的躺椅。更多時候，她像個大賣場業務員，將整個車廂塞滿衛生紙、除塵撢、廣效性抗生素、兩磅重的桶裝餅乾、數盒納寧錠、甚至一鍋扁豆湯，只因為女兒在電話裡咳嗽了幾聲。

這樣一個愛著女兒，時常呼喚「小瑪雅，我的甜心，我的皇后」，甚至和瑪雅無話不談的母親，就在自己的女兒也成為母親之後，她漸漸變形了。

瑪雅．桑巴格．朗恩風格明快地將全書分為三部。第一部敘述童年的記憶創傷，以及與母親之間細膩的互動。出生於貴族之家的母親是個纖細優雅的女人，也是女兒心目中救人無數的良醫。但是隨著瑪雅自己成為手忙腳亂的母親，渴望蘇哈絲能夠提供協助之時，竟然遭受到蘇哈絲的嚴厲拒絕，導致憂鬱症發作。而蘇哈絲漸漸外顯的異常行為，不只為親子關係埋下地雷，也讓瑪雅認清楚原來是自己「太想要有一個神話般的母親，於是杜撰了一個」。當年母親選擇做醫生，選擇到美國生活，選擇離婚，選擇老年轉換職場，甚至選擇高額長照保險合約，只因為這些是「對她最好、最便利的眾多選擇之一」。

就在愛與期望即將幻滅的同時，讓真相逐漸浮現另一個危機是「無藥可救的阿茲海默症」。

「阿茲海默症具毀滅性，因為它消除了一個人的故事。它把你所愛的人從你身邊帶走。我媽不再屬於我，她屬於她的疾病。」

蘇哈絲具有精神病學、老人醫學與藥理學三項專科證照，也是腦部老化專家。當她清醒時，她能夠在另一個醫生面前，義正詞嚴地清楚表達自己罹患了早發性失智症，她說：「失智症就是失智症，你外婆在印度也得了，我們無能為力。藥物治療沒有什麼價值。失智症無藥可治，這點我比誰都清楚。」

藝術評論之祖亞里斯多德認為情節最重要的組成是「急轉」與「發現」，也就是由幸轉不幸（或不幸轉幸）的過程。蘇哈絲從一個堅毅聰慧的時代女性在晚年步上失智的命運，是不幸的開始；而童年飽受霸凌的瑪雅則是透過母親生病的現實逐步釐清與修復創傷，靠自己翻轉定義，證明女人也可以好好活著，因為「我們的價值不在於我們的犧牲。我們就是自己最好的禮物」則是一把幸運的鑰匙。

在這本自傳書寫裡，瑪雅最驚人的才華展現在時間軸的平行調度以及字裡行間的金句。例如她透過健身教練路易士說出：「不要花時間去懷疑，而是花時間去做」或者是「太強壯也可能是一種弱點」。當然，更驚艷的是作者細膩動人的說故事能力。

當蘇哈絲因為失智症導致體重下降，臉上長出明顯的絨毛時，瑪雅曾經親暱地為母親除毛，就像是我們許多人的童年曾經放心地讓母親挖耳朵掏耳垢的親密。後來，瑪雅才發現，原來是「母親虛弱到她的身體開始自己長出毛毯」。

面對病情時好時壞的母親，同時還要照顧一個稚齡幼女，在母親與女兒的角色之間，瑪雅不斷面臨的難題是：如何做出最好的選擇！尤其是當她發現記憶中的偉大母親也許只是虛構的，是文化基因裡被馴服的神話，所有的犧牲終將回到原始文明的象徵，而她還要繼續編織幻覺嗎？就像她安慰自己母親的情緒起伏只是「媽媽輪盤」。但是我們都知道輪盤拉霸機是賭博工具，人的處境不應該隨著機器一翻兩瞪眼。人性中充斥善惡，我們比機器更強大的地方在於我們可以做出選擇。

正如同《我們所能承擔的，多過我們所能想像》英文書名 *What We Carry*，我們（尤其是女性）究竟背負了什麼？Carry 原意是攜帶，近年來由電玩遊戲術語逐漸衍伸為「罩得住」或「很強大」的意思。瑪雅．桑巴格．朗恩選擇這個字作為書名有著深遠的隱喻，全書扣緊「抱著孩子渡河」的母親神話寓言，在許多轉折處都暗示著面臨選擇的困境。我們最後做出的選擇，憑藉的是什麼？是什麼樣的力量可以讓這段背負著原罪與寬恕的心靈之旅最終能夠成為「美好的時光」？瑪雅透過生病的母親、剛出生的女兒，在衰老與新生之間，她不斷探問與省視，最終，她警覺到自己對母親的愛意已趨向危險盲目，而「承認危險等於承認可能失去所愛的人」。然而現實生活中的疾病讓人愈來愈緊繃，她在挽留母愛的同時也讓自己的女兒柔依漸漸失去了母愛……

蘇哈絲最後告訴瑪雅：「那個故事是要講女人選擇做她自己。一旦她做出那個選擇，一切便迎刃而解。」

瑪雅曾經與先生諾亞、哥哥瑪尼什對母親編織用藥與養老院的謊言，這個謊言彷彿鬼魂般糾纏著良知，直到她決定對母親開誠布公之後才獲得釋放。誠如《紐約時報》對這本書做出的推薦語：In exquisitely precise prose, Lang makes an argument that honesty is what’s truly empowering（朗恩以精美準確的散文論證了誠實才能真正賦予權力）。

瑪雅最終做出的選擇，是女兒柔依眼中的復活節兔子，連小女孩都知道這不是真的，但是柔依選擇仁慈的相信。於是當瑪雅誠實面對自己的心靈囚籠而選擇釋放的同時，她不但讓自己，也讓母親與女兒重新獲得自由。當一個人有勇氣去正視自己的價值時，無論生命旅程中究竟要扛起何種責任與義務，那都會是一段超過你能想像的，美好時光。

序言

「瑪育迪，我要跟妳說一個故事，」母親告訴我。

我的女兒才出生九天。初為人母的我覺得不勝負荷，於是向母親尋求支持。我想要她用同情的方式傾聽，感受我的情緒，像以往一樣喃喃地附和。在和母親說過話之後，我總會覺得好多了。

「從前，」她開口說，「有一個婦女要過河。她懷裡抱了個小孩，她的兒子——」

「等等，」我狐疑地插嘴，「這是印度故事嗎？神話？」我猜想母親是不是要講拉克希米女神（Lakshmi）或其他女神在恒河受苦的印度民間故事。

「好好聽著，」母親輕聲訓斥。她清了清喉嚨。

「從前，」她又再開始講，「有個婦女要過河，她懷裡抱了個小孩，她的兒子。她必須渡河，可是河水比預期還要深。水淹到她的胸膛時，她驚慌了。她明白自己必須選擇。她可以救自己，或是救小孩。他們兩人無法都安全過河。她要怎麼做？」

一邊聽著，我感到不安。我不知道這個謎題跟我有什麼關係，我媽為什麼要講。況且，我不加思索便知道答案。那個婦女會為了她的孩子犧牲自己。所有跟母親有關的故事都是這樣，特別是印度神話。我這麼回答母親，心想她會贊同。可是，她嚇了我一跳。

「我們不知道結局，」她跟我說。「我們不知道那名渡河的婦女做了什麼選擇。除非我們渡河，水淹到我們肩膀，除非我們身歷其境，否則我們無從得知答案。我們告訴自己，我們會為了子女而犧牲自己，可是人的求生意志極為強烈。」

她的話令我震驚。竟有女人選擇了她自己！單是這種可能性便令人覺得可恥。

「我們不可以隨便批判，」母親接著說。「這才是這個故事的真正寓意。無論女人做出什麼決定，都是不容易的。」

這不是母親平常講話的樣子。她為子女犧牲了一切，這件事她三不五時便會提起。聽到她承認母親也有自私的一面令人震撼。然而，我卻莫名感到安慰。

母親天性務實，又是科學家出身，時常把事情化繁為簡，去蕪存菁。直率，坦白，她是個凡事都有定見的人，從來不曾懷疑自己，然而，現在她卻承認人生有可能比簡單的答案來得更為複雜。

我不確定該如何看待她新的一面。雖然有一部分的我感到歡迎，但我是個精疲力竭的新手媽媽。我希望她切入正題：告訴我如何當個母親，說明她當時是怎麼做的。我希望她表現出一直以來的樣子。在我最需要明確答案時，她卻給我一個謎題。

我不知道她正試著給出我想要的答案。但她不曉得該怎麼做。她的嘗試迂迴而笨拙。她沒有直截了當，反而顯得靦腆害羞。

後來，我時常想起那個渡河的婦女，河水淹到她的胸膛，因為害怕及猶豫不決而僵住。最後，當我明白母親所做選擇的真相，我才看出這個故事代表著我們家庭的故事。母親第一次跟我講那個故事時，我感到不安是有道理的。我知道她在支吾其詞，卻不明白她透過故事想要說出一切。

這個故事是她用來坦承長久以來隱瞞事情的方式，讓我看清楚一直在我眼前的事情。

第一部

1

我懷孕六個月，住在一個完全陌生的城市，像平常一樣，我和母親打電話聊天。跟她講話讓我覺得沒有那麼孤單，也比較安心，可是這一天，我們的對話出現奇怪的轉折。

「我在考慮換一份比較輕鬆的工作，」她說，「如今我老了。」

「媽，」我嘲笑說，「妳才不老呢。」

「我很快就要六十五歲了。」

「那還要兩年！」

「我得面對現實才行。我不可能再像以前那樣。」

我默不作聲，不確定是否應該和她爭辯。

母親以前就有過倉促決定的紀錄。十年前，我還在讀大學時，她和結縭近三十載的父親離婚，震驚了印度老家。她辭去工作，由長島搬到紐澤西州不知名的郊區。這些決定並不壞，我希望她和父親離婚已有好一段時間，可是她快刀斬亂麻的方式令人吃驚。「為什麼要去紐澤西？」我在大學宿舍裡問她。這是我唯一想得到的話。「很適合工作，」她回答。她說得沒錯。她找到一份夢幻差事，為製藥公司主持臨床試驗，我從沒見過她那麼快樂。

無論再怎麼令人費解，她的決定向來都是對的。我憑什麼懷疑她？當我還是小孩時，有一次我們街上發生了車禍，一名機車騎士摔到鄰居的草坪上。母親衝出去，在現場發號施令。這就是我對她的印象。散發著權威性的醫師，即便穿著睡袍。她是我所知最能幹的人。我或許不完全了解她，可是我對她完全有信心。

那通電話之後的一星期，她提出辭呈。她的老闆愣住了。他提議縮短她的工作時數、減少出差、聘用助理，但統統沒有用。她早已應徵一家州立醫院的工作。「州立醫院！」她的老闆大叫。「妳會無聊得要命！」

母親跟我講起老闆的反應時，聲音聽起來很開心。她面對一道無形的高牆，而那差不多正是她的理想狀態。

「萬一妳沒得到醫院工作該怎麼辦？」我緊張地問。

「我會得到那份工作。」

「那是妳想要的？」

「那不是我想要的，卻是我需要的。」

這就是我媽的聲明。

「為什麼呢？」我追問。「妳放棄了夢寐以求的工作。」

「這樣我才會拿到退休金。萬一我要去住養老院，那些地方貴到妳無法相信。」

她開始引述統計數據。我想像她戴著老花眼鏡讀這些數據。她有遠視：像老鷹的眼睛可以看清遠方，卻看不到近在眼前的東西。我指的可不是只有閱讀而已。

她小時候便移民到這個國家。在我整個童年時期，她對於送我和哥哥去讀大學的費用一直耿耿於懷。如果我的牛仔褲穿到太短了，露出腳踝，她會叫我穿長一點的襪子。「學校裡每個人都覺得我很窮，」我咕噥著說。「隨便他們去想，」她厲聲說。

「他們父母要替他們的好看牛仔褲繳卡債。」

她看著遠方的目標，全力推進。如果有人建議替代方法，她會發怒。幫忙與方便一概拒絕。

數日後，她得到州立醫院的工作了，正如預料。我媽就是這樣：她或許難以理解，但她永遠是對的。

「我不知道該不該向妳道賀，」我老實說。

「這是最好的。」

「或許妳可以常來看我，既然工作沒那麼忙。」

她抿嘴笑說：「那也不錯。重要的是我的退休金。我不想拖累子女！」

我們母女之間就是這樣。她所做的每件事都是為了我好，我心目中的母愛就像這樣，像受苦受難一樣。

我坦然接受。我即將為人母，和我媽相距三千英里，住在一個全然陌生的灰濛濛城市。沒多久，我將會是那個把自己的需求擺在最後面的人。這種想法讓我相信，在世界上的某處，我仍是最優先的人。

2

搬到西雅圖之前，我和我先生諾亞住在曼哈頓。我們已厭倦這個城市，房租昂貴，公寓窄小，而且我們的生涯正面臨十字路口。

我即將完成比較文學的博士學位。我不是學者，但很樂意假裝是。我成天都在讀書。那感覺是一大奢侈。

然而，我不知道學位有什麼用處。我不想申請可獲終身聘用的職位。我讀博士的理由跟我所做每件事的理由一樣：想要吸引人注意。二十八歲時，我已頂著一長串頭銜。我讀過醫學院預備課程，後來擔任管理顧問，接著是一名學者。我不斷轉換角色，但無一合適。

諾亞比我年長四歲，來自南加州，是一家大公司的律師，聽起來光鮮亮麗，但他討厭這份工作。他討厭看到合夥人對祕書吼叫，高層職位缺乏女性與少數族裔，他並且認為他所辯護的許多公司（菸草與化學集團）吃上官司是罪有應得。諾亞的良知是我愛上他的理由之一。他出身貧窮，不希望將來自己的孩子跟他一樣沒有健康保險。他的務實與良知在他工作上形成矛盾。

有趣的是，由於諾亞出身貧窮，又是猶太人，我們彼此相知相惜，雖然我既不窮也不是猶太人。他理解我為何買條漂亮牛仔褲便感到愧疚。我理解他為何在耶誕節感覺受到排擠。我們都是在愧疚、節儉與複雜的羞恥心之下長大。我們還是小孩時，把課本用牛皮紙袋包起來去上學。我們都明白被排擠在圈外，想要加入的感受。

我們也明白被困在圈內，想要逃出的感受。我們都在逃避我們的過去。諾亞的家庭從未料到他會唸完法學院或者搬到紐約市。我的印度裔父母從來沒想過，成天讀書是被容許的事。我們證明了他們是錯的。我們辦到了。然而，無論我們的工作（大公司的律師）或成就（二十八歲讀到博士）多麼受人矚目，我們都覺得格格不入。我們沒有真正的歸屬感。

當時諾亞被聘為任天堂公司法律顧問，而我正在博士論文口試，時間點似乎很完美。他有機會加入一家感覺良好的公司，我們可以離開曼哈頓，最好的是，我可以躲避人生何去何從的問題。我們要搬去美國的另一邊！這就像是得到不在場證明。

我們把小公寓的物品全部打包到車上，開往美西。我們的黑色拉布拉多混種犬洛拉，在汽車後座上好奇地嗅聞著新鮮空氣。我們剛出價買下一棟房子，這是我們從未經歷過的事。我們對於成為屋主充滿各種猜測。諾亞有著各種疑慮，我則是有些飄飄然。「放輕鬆！」我告訴他。「我們一定會愛上她的。」

會嗎？他提出一些很好的重點。我們不熟悉西雅圖。是我極力推動買房子，因為我想要有可以炫耀的東西。當朋友說：「你們已經買了房子？」我覺得開心多了。

我沒有工作，也沒有計畫。在我的興奮底下，充滿著懷疑。我以前從不曾這樣徹底改變。這有點像是我媽會做的全部押注舉動。我想到她的賭博向來都是成功的。我想要相信，假如我像她一樣聽起來自信滿滿，假如我對憂慮一笑置之，我便會像她一樣成功。

3

晴天的日子，西雅圖像顆閃亮的翡翠：綿延不絕的綠樹，一望無際的水岸，起伏的山脈映襯在天際。諾亞和我對著這片美景啞然無聲。去趟藥局也像是電影，白雪皚皚的山頭在遠方閃爍。

這是個書本、咖啡和狗狗的城市。大家熱心做資源回收，市內各處的堆肥處理把廚餘都變成了肥料，所有公園都可供洛拉玩耍，禁用保麗龍和塑膠袋，華盛頓州是美國第一個立法准許同性婚姻的州。這一切都令我們感到驕傲。

太平洋西北地區的文化與紐約有著天壤之別。社會潮流屬於戶外型古怪：襪子配涼鞋，帆布肩背包，臥式腳踏車。身價百萬的科技主管看起來像是遊民，又像是他們剛參加完一場戶外比賽。

我遇到一位前網路業者，現在在養山羊。我們一名鄰居，他是個纖弱的男子，舉辦運動的工作坊。「運動？」我困惑地問。「運動！」他肯定地說。在一場派對上，和我談話的一位女士離開微軟的工作去賣水晶。她穿著一襲土耳其長衫，說話熱情洋溢，每個手勢都散發出廣藿香的氣味。

我想要愛上這個激進的城市，可是我發現自己難以融入。儘管我欣賞西雅圖毫不矯飾，這裡並不是多元化的地方。我很確定我獨自一人便使得社區裡少數族裔的人數增加了一倍。美國東岸或許有缺陷，但是我想念她，我承認內心的掙扎是思鄉病。

為了保持忙碌，我開始為一個動物收容所工作。我心想，這是我在非營利機構新生涯的墊腳石。我準備了長篇大論想替自己辯護，但在這個新城市，沒有人想要聽。

當我發現自己懷孕了，諾亞和我欣喜若狂。我同時鬆了一口氣。我獲得一個臨時庇護所，可以逃避重大問題。我不必自我再造。嬰兒可以為我拖延更多時間。

4

母親和我時常講話，有時是每天。我內心有一部分一直等待她質問我的選擇說：「我送妳去讀好大學可不是讓妳去照顧流浪狗！」或者「妳真的打算這麼浪費妳的博士學位？」但她從未過問。她不是那種人。

不管是通報什麼消息、宣佈什麼成就，或者減輕打擊的痛苦，她都是我第一個打電話的人。單是在電話裡打招呼，就會讓我們兩人很高興。「嗨，媽！」我像唱歌似地說。我喜歡跟她講話是顯而易見的，就像毒癮者拿到毒品一樣。

她的職業生涯大多數時間是精神科醫師，培養出一種很講究的聆聽方式。她詢問我一天過得如何，所有細節都不放過。如果我告訴她我需要去採買日用品，她想要知道市場叫什麼名稱，有多遠，如果我喜歡那個地方，我便會產生她與我同在的愉悅感。

當我向她陳述去非營利機構的長篇大論，她說：「有道理啊，」她的聲音充滿贊同。當我跟她說那個養山羊的男人與廣藿香的女人，她會心一笑。當我分享我對西雅圖的疑慮，她體貼地傾聽。

「嗨，媽！」這兩個音節敲開一扇魔法之門，門內充滿體諒及理解。她接起電話時，我很開心，一點也不想隱藏這種情感。當她接起電話，我彷彿回到家了。

她的回應和我一樣。如果我們上次講話是在幾天以前，她會連珠炮似地說：「瑪育迪！沙努迪！拉努迪！」這是印度馬拉提語的押韻暱稱——小瑪雅，我的甜心，我的皇后——這三個字眼就像拉霸機上連成一線的櫻桃。

母親和我呵呵大笑，沉浸在親情之中。她知道她對我的意義。而我知道她知道。我們母女都很愉快，別無所求。

5

我四歲時，母親帶我去看牙醫。我們剛從皇后區搬到長島。那個牙醫是個英俊的白人，對我而言很新奇。我習慣了印度面孔與馬拉提語，有他在場，令我感到羞怯。

他用戴著手套的手檢查我的牙齒時，試著和我媽交談。「妳們來自印度？」他問道。「妳們講印度話嗎？」他用美式發音講印度話這個字，是我從沒聽過的，逗得我咯咯笑。他皺著眉頭，抬起手去調整燈光。

「新手套！」我媽大喊。

「不好意思？」

「你摸了燈，違反消毒規定。你必須換手套。」

他眨眨眼，然後笑一笑。「聽好了，小姐，我已經執業了很多年——」

「你在看過上個病人之後有把那座燈消毒嗎？這是個幼童。你必須更換手套。還有，我不是『小姐』，我是個醫生。」

他脹紅著臉，慢慢脫掉手套，伸手去拿新的。

不到十分鐘，她再次指正他：「新手套！」

那一天發生了神奇的事。我抬頭挺胸走出了牙醫診所。

六個月後，我們回診，那名牙醫看起來很畏縮。「桑哈格醫師，」他說，「我——我把燈消毒了。」

母親不會為了別人而改變，她讓別人為她改變。在她的凶悍當中，我感受到她的愛。她是我的擁護者。她不在意別人的想法。她在意重要的事：我。

*

父母仳離之後，我媽的車短短數年便增加十萬英里的里程數。我很確定那些里程大多是為了來看我和哥哥。

她不加思索便跳上她的車。如果我只是在電話裡咳嗽，她便會出現在我門口，車子裡塞滿各項物品：一鍋扁豆湯，除塵撢，我的小衣櫥塞不進去的十二包衛生紙，廣效性抗生素（以防萬一），兩磅裝的桶裝餅乾，數盒納寧錠（Claritin）。她就像個好市多量販店的巡迴業務代表。

我還在讀研究所時，有一次我跟她抱怨我的下背疼痛。坐姿加劇背痛，我不知道如何才能寫完期末報告。「妳應該買一張舒適的椅子！」她訓斥說。我笑了笑。我沒有時間也沒有錢去採購家具。況且，住在波士頓的哥哥答應要把他的舊躺椅送給我，那張躺椅靠背傾斜的角度正好可讓我舒適地用筆電打字。我想說等到期末報告完成後，我再設法去搬那張躺椅。

翌日下午，有人來敲我的門。一開門，我驚訝地看見那張躺椅，還有站在椅子後面、累壞了的母親。她開車到波士頓，搬了躺椅，然後直接送到紐約給我。

「媽，一天當中開那麼遠的車——太瘋狂了！」

她聳聳肩。「妳需要這張躺椅。我在星期日還有什麼別的事要做？」

「可是那張椅子很重！我不懂妳怎麼搬得動。」

她微笑著。「我是妳媽。所以搬得動。」

之後的兩個星期，我熬夜寫期末報告時，那張躺椅便成為我的綠洲，唯一可以讓我沒有疼痛地坐著的地方。每次我放鬆地坐進躺椅裡，我便想像母親拖著它到我門口，還辯稱那一點都不費力。她不是多愁善感或情感洋溢的人，我小時候她從沒唸書給我聽，或是幫我烤餅乾。可是她會開大老遠的車，搬運重得嚇人的椅子。當我需要她的時候，她一直都在。

＊

在一個美好的六月天，諾亞和我出門散步之後，回到公寓，我按下答錄機的播放鍵，聽到好友傑瑞德的死訊。

我整個人呆住了。

傑瑞德是我大學時代以來的朋友，一直在抗癌。我上個星期才跟他講過話，跟他保證他一定會戰勝病魔，還跟他分享一份健康湯的食譜。當留言播放時，我覺得自己傻到不行。

當下，時間停止了。公寓牆壁由四面向我包圍。「親愛的——」諾亞開口說，但我猛烈搖頭，離開他身邊。我不發一語跑進臥室。

那個時候我只想跟一個人說話。

「哦！」當我告知這個噩耗時，她驚聲大叫。她的聲音充滿痛苦。「哦！不！不可能的。他那麼年輕！」

隨著她發表各種情緒（「他那麼的聰明親切！喔，生命真是不公平。這種事怎麼可以發生在那種好人身上？」），我的眼淚掉了下來。她說出的每句話都剝開一層我的情緒：傑瑞德過世太不公平了，我竟然不懂他快死了。

由她說出我說不出口的話，讓我感到釋懷。這便是我愛母親，渴求與她談話，為何只有她才行的理由。在人生最艱苦的時刻，我們之間沒有隔閡。她絕對不會說：「請節哀」，絕對不會置身事外。她站在我身邊，為我痛心，感同身受。她代我承受人生的打擊。

「妳需要我去看妳嗎？」她問說。「我立刻就可以去開車——」

「不用了，媽，沒關係。」

「我要妳打電話給我，」她堅決地說。「絕對不要猶豫！即使是在三更半夜，即使妳沒有什麼理由。妳懂嗎？不必擔心打擾到我，瑪育迪。」

我笑了笑，嚐到鹹鹹的淚水。

直到和她講過話，我才覺得可以面對諾亞和外頭的世界，我的朋友已經走了的世界，不公平且殘酷的世界。日子仍在繼續，但為了紀念我朋友，日子應該要停止。直到跟母親說完話，我才開始理解發生的事。她的傾聽完成了死亡登記。因為她，我感到沒有那麼孤單。

6

小時候，母親常常跟我說起她的病人。她這麼做或許是因為她一直惦記著他們，也或許是她知道我很愛聽這些故事。我無法相信他們的問題：不先摸人行道七次就無法走出家門，燈泡裡傳來上帝的聲音。這就好像被告知了一項祕密：大人們很掙扎。

她的病人來找她是因為藥物治療失敗。他們來找她是因為人家說他們的副作用都是想像出來的。他們來找她是因為他們已束手無策。

她回家時對他們受到不當對待感到忿忿不平。潦草塗鴉的處方，不必要的高劑量，單純誤診所導致的眾多問題，諸此種種令她憤怒。她對不了解最新藥物治療的其他精神科醫生沒有耐性。她對病人的痛苦極為同情。她一向站在他們那一邊。

這點讓我很開心。我喜歡把她想成弱勢族群的護衛，因為這表示在家中是弱勢的我還有一線希望。我家的生活以哥哥和父親為中心。哥哥比我年長八歲，要準備重要的考試。我必須保持安靜，不能去吵他。父親自認是一家之主。母親的收入比他多，並且是真正的家長，但這點永遠不會被承認。她替他燒飯，熨襯衫，洗他堆在地下室水槽裡一大坨的黑色襪子。

每當他排練擔任工程師要做的簡報，母親和我有禮貌地聽著。他卻從來不問母親的工作。她只對我談起工作的事。

父親脾氣暴躁。我十歲時，哥哥離家去讀大學，此後我便成為父親的主要目標。「沒用的女孩，」他會喃喃自語的說。

他跟我說，男人比女人聰明。「所以大多數的發明都來自於男人，」他這麼說。當我指出女人沒有得到那麼多機會，他反駁：「理由是什麼？因為她們沒有那麼聰明。」

在這種背景下，母親的故事讓我窺見一個平行宇宙，那裡的人不是沒有用，只是遭到誤解。父親永遠不會同情必須摸七次人行道，就像他不理解為什麼我看小說（他把小說當成是「垃圾」）。在他眼中，我是沒用的。而在她眼中，沒有人是失敗者。

她和我在科學之中尋求庇護。我們討論躁鬱症和思覺失調症，神經傳導物質和後突觸間隙。我學到，製藥公司時常在產品名稱使用X和Z〔Xanax（贊安諾），Paxil（克憂果），Zoloft（樂復得），Prozac（百憂解）〕，因為這更容易讓人記住。我學到，六年級的數學老師在課堂測驗時哭泣，或許是未被診斷出來的憂鬱症。我學到，人們的內在比他們的外在所顯露的更為複雜。

和她一起去購物中心或超市，就像與名人同行。人們向我們衝過來。「桑哈格醫師！」他們大喊說。「妳不明白，」他們會轉頭跟我說，「令堂救了我一命。她太了不起了。」他們用眼神強調著，彷彿在說「妳明白嗎？」「妳看到她多麼偉大嗎？」

病人一再感謝她的時候，母親只是輕笑。等到那個人走遠之後，她才會說：「是藥物有效罷了。」

然而，她一直有故事：因為服用不對的抗憂鬱劑而發狂的吉他手；被誤診為思覺失調症的閱讀障礙青少年；一名有兩個小孩的單親爸爸被強制關進精神病房，儘管他沒有對自己或小孩構成威脅。為了給他們正確的診斷，她必須聆聽。我知道她說是藥物有效，只是謙遜而已。從我自己的經驗，我知道她全心全意地傾聽。

7

在我預產期的兩個月前，她打電話給我。「寶寶生下來以後，我可以過去待個一星期。之後，我就沒把握了。」

「什麼意思啊，媽？」

「我的新工作有嚴格規定。我有一段時間沒有休假日，可能是一年。」

「一年？可是……我以為這個工作的重點是要讓妳的生活輕鬆一點。」

「重點是讓我賺取一份退休金，」她糾正我。

錢。她總是念茲在茲。我還小的時候，她常常工作到深夜，在醫院裡加班，像個渴望小費的女侍。

身為印度裔專業人士的子女，我面對一個奇怪的困境，她是個醫師，我的父親是工程師，然而外人若以為我們身無分文並不足為奇。我們確實是那麼過日子。

我們家裡沒有有線電視，沒有書本。當學校裡的小孩談論電視節目或電動遊戲，我完全不懂他們在講什麼。我羨慕地看著他們的衣服。我感受到一個遙不可及的歡樂世界，家人們上餐館吃飯，有娛樂活動，去度假。我們什麼都不做。我們唯一的旅行是去印度，那是義務的行程，而不是享樂。我們拜訪親戚，分送禮物，新秀麗（Samsonite）行李箱為了這個目的而塞得滿滿的。

在晚間新聞，我看到印度屬於第三世界，是貧窮的地方。我不知道如何從自己的經歷來理解。我們在美國的生活很節儉。但在印度，我們過得像王公貴族。我對孟買外祖母家有著愉快的回憶，電梯像座金銀雕花鳥籠，大理石磁磚精美又涼爽。僕役準備豐盛三餐。祖父母送我金飾。我們是種姓制度的先進階層，代表著我們要受到尊敬對待。這令我困窘，但我的母親習以為常。在印度，她變得自由自在，無憂無慮。就像公主回到她的城堡一般。

在長島，那種從容感消失無蹤。母親額頭堆積皺紋。家屋瀰漫著憂慮。當老師叫我形容印度，我猜測他們並不想聽真正的故事。「有痲瘋病人嗎？」一個人小聲地問。我跟母親說這件事，她冷笑說：「這個國家的人眼裡看不到我們。」我不明白她的意思。

我不知道我的父母在我們居住的無名白人郊區是不得其所的外國人。我以為問題又出在母親掛在嘴邊的話題：錢。

星期一的時候，母親要工作到晚上十點。我會在臥房裡注意聽她的車子聲，再跑下樓梯去打開車庫。遙控器故障了。我以為我們沒有錢修理。這是唯一可以解釋為什麼八歲的我必須衝下樓幫她開門，可是開進車庫的卻是一輛豪華轎車。

這種選擇在我父母的世界裡很有道理。他們認為，昂貴的汽車比較耐用可靠。它們還需要什麼其他花費呢？他們不知道如何找人來修理車庫開關。他們覺得電話簿是不安與可怕的結合，是充滿敲竹槓與欺騙的美國發明物。他們不是社交的人，不跟鄰居講話。外頭的世界很危險。

其後果是我對金錢有時感到不安，對於尋求協助則總是感到不安。「妳是在大蕭條時代長大的嗎？」有一次室友問，看到我把罐子刮得乾乾淨淨而瞪大眼睛。「為什麼妳不來找我？」我的論文顧問在得知我試著自學古希臘文以進行研究時，很訝異地問。「我可以幫妳找個家教啊！」我打從骨子裡已養成節儉及自立。

在西雅圖，我懷孕後便決定做個全職母親。「我以為妳想要在非營利機構展開生涯，」諾亞驚訝地說。我解釋著，假如我去工作，反而會得不償失。保姆與日托很花錢。諾亞背負沉重的大學與法學院學貸。我看得出來他覺得我的回答很奇怪。我對金錢的憂慮有時太超過了，即便在他看來也是。

在我母親看來，這項決定完全合理。我很感激她的贊同。這是我第一次感受到為人母親。我喜歡自我犧牲的感覺，潔淨又純粹。我做為母親的任務就是要克制便利與欲望。「那不是我想要的，」我差點跟諾亞說。「卻是我需要的。」

8

隨著預產期接近，我開始感受到一種走上跳海木板的恐懼。雖然我很想看到寶寶，但我也隱藏了一些其他情緒。我怕死了，但身為母親，我不該有那種感覺。我應該直覺地知道如何看顧嬰兒。我感到孤單，但我也不該有那種感覺。我應該散發出滿足的光輝。我不知道該如何認同這些訊息。我只知道，當別人問諾亞說：「你還好嗎？緊張？害怕？」我希望他們是在問我。

我回想姪子們出生時，母親和我每隔一周便去探視我哥哥和大嫂。「新手父母需要支援！」我媽會大聲說著，推開他們大門走進去。不管他們是否喜歡我們頻繁造訪，我們反正都會去，煮飯、疊衣物、照顧嬰兒，很開心自己當上祖母與姑姑。

我在西雅圖沒有家人。本地的朋友都是新交的。周末時，我煮食物，分成一小份一小份冷凍起來。我把儲藏室裝得滿滿的。我準備生產的方式就好像在防颱一樣。

讓我困擾的是，我不知道要預期些什麼。我知道如何在學校與工作上勝出，因為我媽醫學院與住院醫生的故事給了我想像的模板。然而，當我問她怎麼當媽媽，她卻三言兩語地回答。

「妳是怎麼解決睡眠不足？」我問。

「妳和哥哥睡一整夜。」

「連我們剛出生時也是？」

「我很幸運。」

「陣痛……妳有做無痛分娩嗎？」

「沒有，不太痛。」

即使在很好騙的我聽起來，這些回答也太可疑了。

為了跟未出生的女兒建立情感，我決定寫信給她。我買了一本筆記本和一隻很好的鋼筆。我預想到她十一歲或十二歲的時候。我希望她有證據可以知道自己多麼受到疼愛。

我寫的信很刻意，又很奇怪。我從現在的自己寫信給未來的她。等到她看到這些信件的時候，我在她腦海中早已是個母親。我猜想自己會不會適得其反，非但沒有感到被愛與安心，她會把我看穿了。「妳在搞什麼鬼？」她會說。「這聽起來一點都不像妳。」

我明白這些信其實不是寫給她，而是寫給我的。寫作一直是我的調適機制。我試著打造我人生的下一章。

有個現在的我（未塑造的），還有個未來的我（母親）。我仍不知道那個人是什麼模樣。但我知道我希望她是何種模樣：悉心養育，慈愛，熟練，會烤派餅，擅長擁抱，會給小孩讀書和唱歌。這個人感覺完全是虛構出來的。

我無法像我媽那般看見未來。她的行進路線是一直線。她在二十三歲便當上醫生。她選擇精神科，因為有彈性，方便照顧家庭。她在我出生前便已為我做好規劃。

我不知道如何成為各項選擇有條不紊的人。把我嚇壞了的正是這點，我女兒需要凡事都有答案的人，我卻只有問題而已。

9

一個美好晴朗的二月天，雲朵為此而散開的一天，我生下了女兒，這個時刻是如此震撼動人，我感受到某種神聖力量的存在，才會創造出我懷中這個漂亮、完美的嬰兒。

看著她，我露出喜悅與放心的笑容。諾亞和我拭去彼此臉上的淚水。「妳太棒了，」他說。「真的太棒了。」

我們決定幫她取名為柔依（Zoe），根據我學習的古希臘文，那是「生命」之意，不是肉身形式（bios），而是神聖的生命。還有什麼更適合我女兒的名字？

雖然我欣喜若狂，柔依生出來之前的事情令我感到一絲不悅。在醫院時，一名住院醫生說我的產道完全沒有打開，但我其實已開了六公分，表示我應該進產房了卻還沒被送進去。幫我插導尿管的護士忘了清空尿袋。當我嘔吐時，她和另一名護士還哈哈大笑。

讓我不悅的還不只是醫院的經歷。我在陣痛時，諾亞一直擔心他的停車位。「你要去看一下車子嗎？」我終於開口問了。他如釋重負地衝出去。他沒有像我想像那樣陪在我身邊。

我告訴我自己，失誤的住院醫生和惡劣的護士純屬偶然，諾亞則是焦慮而已。一切都會沒事的。一定要是這樣才行。腎上腺素消褪後，精疲力竭的我問護士，柔依可以在醫院育嬰室待個幾小時嗎？「哦，不行，我們鼓勵母嬰同房，」那名護士回答。「呃，」我猶豫地說，「可是我——我根本沒有睡。妳知道吧，我覺得我需要休息。」那名護士皺起眉頭。「妳的生產很輕鬆，沒有併發症，妳要學會在嬰兒睡覺時跟著一起睡。」我望向諾亞，他聳聳肩不表示意見。

第二天，沒有人來替我做檢查。柔依倒是做了很多檢查和觸診。他們叫我六到八周後跟我的醫師約診。

幾年前，有一次我到急診室去縫針，輕傷而已，他們卻大驚小怪：護理指示，強制回診。這次，沒有護理指示，儘管我的私密部位縫了好幾針。

等我回到家，把汽車嬰兒椅扛進門，屋裡一片漆黑。我從冰箱裡把包好的食物拿出來當晚餐，諾亞則去寵物旅館把洛拉領回來。我一邊看著湯在微波爐裡旋轉，一邊打電話給我媽。「妳什麼意思，妳在家了？」她質問。「妳昨天才生產！妳在床上嗎？那個嗶嗶聲是怎麼回事？妳必須休息才行！」

聽到她的反應，我明白這正是我想要的：擁護者。我想像我媽對護士和醫師吼叫，如同她對我小時候那名牙醫一樣。她從不在乎自己是否粗魯無禮，她只在乎讓我得到適當的照護。

我當媽媽的第一周手忙腳亂。我的乳汁分泌得很慢，柔依又不肯吸奶瓶。她的體重掉了一〇%以上——事情不妙。有一天很令人驚慌，她尿濕的尿片不夠多，刺激她也沒用，並呈現脫水，需要上醫院。我從未覺得如此失敗。我連她的基本需求都沒有照顧好。

「我是不是做得很糟？」我在電話裡問我媽。「因為我好像是做得很糟。」

「不！為什麼妳會怎麼想？美國醫師都是笑話。竟叫妳數尿片！妳再堅持一下，我很快就會去妳那兒了。」

她和我哥哥預計下周要一起過來。一想到可以看到他們，我就興高采烈。柔依什麼都還不會做，可是想到我媽和哥哥要看到她便意義非凡。這點令我感動，但也令人沮喪。我現在很需要家人，他們卻在三千英里之外。

10

成長時，哥哥跟我並不親近，可是從前難以拉近的年齡差距現在已無關緊要。雖然他只能待到這個周末，卻幫了我很多的忙。他火速去到商店採購，把冰箱裝滿，把我還沒有機會拆封的嬰兒搖椅組裝起來，一杯一杯地倒水給我喝，好像知道我口渴了。「你怎麼知道的？」我一飲而盡。他聳聳肩。「我猜的。如果妳在生產飲料，便需要喝水。」我笑了。

我媽完全是在開空白支票。她擰著雙手，問說她該做些什麼。我因為睡眠不足，眼睛都快閉上了：柔依每兩小時要餵奶。我累到不想回答她。

我媽不是我想像中的外祖母。我想要她像我姪子出生時那樣迅速行動。我想要她霸道地宣示：「新手父母需要支援！」我想要她懂得比我哥哥還多。

或許她茫無頭緒是因為她在一個陌生的地方。她不能去商店，她不知道在哪裡。柔依哭鬧時，她也幫不上忙。嬰兒一哭，我媽就把她遞過來給我。

我哥離開後，她留下來又待了幾天。「妳做太多事了！」她大聲說著，看著我消毒擠奶器。

「妳以前應該都做過這些事，」我悶悶地說。「妳在當醫生時生了我們。」

「那倒是。」

「我不明白妳是如何辦到的，」我接著說。我才當媽媽幾天就累癱了。如果我連前兩周都應付不來，是不是表示我根本不行？

我媽來到美國時，哥哥才六個月大。這是她唯一講過她當媽媽的故事。那是她人生中最辛苦的時期，重新做住院醫師的同時，還要照顧嬰兒和我父親。他拒絕幫嬰兒換尿片，並且期待有人幫他燒飯，基本上也是個小孩。不像我，我媽並沒有配偶的協助，外加她在異國展開艱苦的職業生涯。

「說真的，媽，」我說。「妳是如何辦到的？」

她想了一下。「我不知道，」她最後說。「我反正就是做到了。」她拍拍我的肩膀。「妳同樣也會做到的。」

此時，她說柔依的下巴像我，手指像諾亞，還說她對嫩嬰極為注意。她對柔依感興趣，這點讓我有些感動。我喜歡聽到她用馬哈提語跟柔依講話，這讓我對她的不知所措略為釋懷，儘管每一天我都希望她能幫上多一點忙。

「我吃膩外送了，」有一天下午她喊說。「我列了一張上市場採購的清單。」

我不可置信地看著她。她真的是要叫我去幫她買菜嗎？

「如果我去買菜，我就得把柔依留給妳，」我指出。

「哦，」她眨眨眼。「嗯，那就等諾亞回家好了。」

當晚，我對著爐子上燒滾的湯鍋皺起眉頭，辛香料食物或許會造成寶寶脹氣。我媽不停問說東西在哪裡：鹽巴，香菜，植物油。我逐漸冒火了。她就不能打開廚櫃看看嗎？

當她用奶瓶刷去洗切菜板，我氣炸了，我有跟她說不要用那把刷子，我不要那把刷子跟其他東西混用。「吼唷，媽！我分明跟妳說過……」我沒有把話講完，就發飆把刷子扔出去。就在這時，嬰兒監聽器發出了哭聲。我奔上樓梯，在心裡記下要去買新奶瓶刷：我的待辦事項又新增一項。

我媽向來堅持廚房裡的各種「系統」。她是最應該要尊重我的規則的人。儘管我由自身經驗明白，遵照她的指示、因為清潔刀子的方式錯誤而挨罵，以及被訓斥交叉感染的風險，是多麼地不愉快，我扔出那把刷子時感到報復的快感。現在我才是那個霸道的母親。

稍後我下樓吃晚飯時，她看起來像受到責怪，但有些疲憊。「很抱歉我用了那把刷子，」她說著，摸順了自己的頭髮。

「沒關係，」我讓步地說。

我正想開口再說些什麼，諾亞丟給我一個安撫的眼神。他知道，如果我真的說了，我會後悔的。我們沉默地吃著飯，等候監視器再度響起小小的哭聲。

11

「瑪育迪，我要跟妳說個故事，」她說。

我媽待在西雅圖的最後一晚，半夜兩點給柔依餵奶之後，我去敲她的房門，連假裝找個藉口都沒有。我知道等她離開後，我會很想念她。她叫我不必不好意思，說她不介意已經是半夜了，並往床邊挪了位子。

「從前，有個婦女要過河——」

「等等，這是印度神話嗎？」

「嗯，神話這個詞並不完全正確。妳外婆在哥哥出生後跟我講了這個故事。她跟我說，從前，有個婦女要過河——」

「那是恆河嗎？那個女人是個女神，比如拉克希米嗎？」

「我不記得了。妳問太多了！妳要我講下去嗎？」

「要！我不插嘴了。」

「很好。」她清一下喉嚨，準備說故事。「從前，有個婦女要過河。她懷裡抱了個小孩，她的兒子。她必須渡河，可是河水比預期還要深。水淹到她的胸膛時，她驚慌了。

「她明白自己必須選擇。她可以救自己，或是救小孩。他們兩人無法都安全過河。她要怎麼做？」

我感到不安。我不知道母親為什麼要跟我講這個故事。「媽，很顯然，她犧牲了自己。這些故事都是這樣的。」小時候，有人送我一本印度神話繪本。內容充斥女性受苦受難的民間故事：悉多（Sita）被大地吞沒；沙恭達羅（Shakuntala）被捉回天上。我吸收了那些故事，沉醉於女性美德之中。

我可以想像那名過河的婦女：認命的表情，沉沒前的最後一口氣，紗麗散開成為彩色裹屍布。這個故事完全不合邏輯（為什麼犧牲她自己便可確保小孩安全？）話說回來，這些故事本來就沒有道理。女性的殉難才是重點。她不需要邏輯，也不會受到叱責。我猜想母親為何選擇這則故事，並感到一絲不安。

我媽笑了一聲。「我也是這麼說的，但情況不是那樣。」

「她讓自己的小孩死掉了？」我嚇到了。「有哪個媽媽會那麼做？」

她靜默了好一會兒才開口。「我媽說，我們不知道結果如何。我們不知道那個女人會做出什麼選擇。除非我們也在河中，水淹到肩膀，水流湍急，除非我們身處其境，否則我們無從得知。我們告訴自己，我們會為了孩子犧牲自己，可是我們想要活下去的意志很強烈。」

我聽到之後震驚不已。

「妳的外婆很明智，」她接著說。「她沒有受過很多教育，只讀到八年級或九年級，可是她懂得很多。我們不可以隨便批判，這就是那個故事的寓意。我們不知道其他女性負擔的重量。無論女人做出什麼決定，都是不容易的。」

「外婆聽起來像個女性主義，」我想了一下說。

「她是的，以她自己的風格。」

我把被子拉緊一些。我對這個故事的不安已經消失，它有些地方讓我覺得安慰。或許是意外的結尾，那個女人有可能選擇自己，或者是我媽在半夜跟我講話的親密感，只有我們倆，而全世界都在沉睡。在她這次來訪，我一直希望她能幫忙。或許我要的是這個，她把注意力擺在我身上，讓我覺得受到關心，即便她只是跟我講了一個故事。

我預期河裡的女人會犧牲她自己。現在，我明白母親也面臨相同處境。我希望她照顧我，當她沒有做到時，我才看出自己的期待，而這種期望令我感到羞愧。她從美東飛到美西來看我，而我卻像個小孩鬧彆扭。我們對於母愛的渴求會消失嗎？

「做媽媽好辛苦，」我最後說。

我們慢慢睡著。兩小時後，柔依餓了哭醒。我躡手躡腳走出房間，讓我媽繼續睡。

12

我媽離開西雅圖以後，我翻出她的舊照片。我的第一個想法是她很美麗。嬌小，苗條，端莊。她的骨架細緻，顴骨突出，額頭方圓，五官明顯（鼻子，下巴），像高級木材雕刻出來的。長長的髮辮垂到背後。她穿著昂貴紗麗，手腕戴著金鐲子。只有嘴角掛著笑容，眼神超然，不想表露任何情緒。

我的母親於一九四五年出生在孟買。閨名叫蘇哈絲・桑霍卡（Suhas Sankholkar），出嫁後成為蘇哈絲・桑哈格（Suhas Shanbhag），她和父親兩人都是婆羅門，雖然她自認是民主人士，卻對自己種姓制度的貴族地位引以為傲。她吹噓童年時可以使喚的僕人，有的擠新鮮石榴汁，有的送熱午飯到她學校，並且一路跑過去，以免飯菜涼掉。每當她說這些時，都會開心地笑，我哥和我則露出扭曲表情。

她喜歡誇耀她的祖父，身高一八三公分，膚色好看，綠色眼珠。「媽，妳不該誇耀膚色淡，」我抗議說。「妳聽起來像雅利安傲慢瘋子。」「嗯，」她說，「雅利安（Aryan）一詞實際上來自梵語。是真的！」她占有似地說，好像在為這個字邀功。

在馬哈提語，外貌好看這個字（gauri）是蒼白的同義字。親戚們稱讚我長得非常好看。「我祖父的基因，」母親會驕傲地說。

我長得不像她。她一眼就可看出是印度人，而人們總會猜測我的血統，問我一個差勁的問題：妳是什麼人？（「義大利人？」他們會問。「等等，還是南美人？」我一再被告知我長得不像印度人，聽起來真是奇怪。我長的不像我自己。

我們截然不同。她的髮絲柔細，我的粗厚。她嬌小而平胸，我高大而豐滿。小時候，我羨慕她的特徵。我一心想要和她一樣，外貌與身分識別上都是。

我在過早的年紀，九歲時，便來了青春期，令我們的差異變得更加明顯。就像《浩克》撕破上衣的時刻，我暴風似地成長。五年級時，我便長到現在接近一六八公分的身高，比我媽高很多。

我好羨慕她的身材。排釦的上衣整齊地貼在她胸前，我的上衣則爆開到驚險程度；她纖細的手腳流露著優雅精巧，我則是相反的大手大腳。她端莊合宜：沒有顯眼的手毛或腳毛，不需拔完美拱形的眉毛或護理脣上皮膚。我從未見過她因為經痛而彎腰，從未聽過她放屁。她是個毛髮極有效率的奇蹟。

她成為一名科學家合情合理。她不需要做白日夢。她的身體值得信賴。我的身體則屢屢背叛我。

我以前會看著浴室裡她少得優雅的盥洗用品：一把黑色梳子，一只銀色指甲剪，一瓶粉底液，CoverGirl品牌的「Golden Tan」。寥寥無幾的物品訴說著一種存在的優越性。

我渴求各式各樣的美容用品。我不是想要增強我的特徵，而是希望完全擺脫它們。我的身體一無是處，可是假如我可以改變一點，那便是我的頭髮。我的髮量豐厚，塑膠髮箍一戴到我頭上就斷裂。母親拒絕為我梳頭髮，說實在太麻煩了。亂成像黑色鳥窩的頭髮向全世界宣告我在種族上與眾不同。老師們憐憫地看待我。

當我乞求購買美容用品時，母親警告說：「別被洗腦了。」「那些東西都是浪費錢。」

她從來不搽口紅或指甲油。她穿著長褲與平底鞋去上班。我唯一一次看到她穿洋裝是在我的婚禮上，那是我為她挑選的洋裝，因為她傲慢地說：「我沒空弄這些。幫我買一件就好。」

她的一生像是神話故事。她出生時，印度仍在英國統治下，這對我而言浪漫到不行。甚至連她童年時養的狗狗露比，都有個動人的故事。母親陪伴擔任海軍督察的舅舅去巡視時，在一艘停泊的船艦上看到牠。艦長急於討好督察，便提議把狗狗送給他們。露比當天便跟著母親回家，尾隨著她走遍孟買的大街小巷。「牠會不會嗚嗚叫？」我問說。「妳需要用狗鍊嗎？」「不用，」我媽說。「牠會跟著我。」

她的所有故事都有這種令人入迷的特質，挾雜著英國風情：史萊特路上的房子；離家最近的火車站，大路車站；她上的私立學校要講標準英語，制服是白色上衣與百褶裙，以及造成她拇趾外翻的定製瑪麗珍皮鞋。甚至這項缺點都讓我覺得很優雅。我曾經扭曲我的大姆趾，企圖模仿她變形的腳板。

「所以妳到美國來是為了給自己孩子機會？」我問說。「是的，」她回答，但不願再多說。

成年以後的事情是她的隱私。印度的風俗是，女性不得大聲說出丈夫的姓名。我的母親在家謹遵這項傳統。我能指望由她口中得到多少資訊呢？她的內心世界隱藏在一道牆後。不過，她比較願意講起童年的事情。她懷念印度。她和爸爸、我哥哥以前每年都會回去。我哥哥甚至在小孩時會自己搭機回去，和我外祖母一起過暑假。等到有了我以後，事情就不一樣。我們家比較常待在美國。

外祖父母過世後，我媽便不再回印度。我爸還是去看他的家人，但我媽不跟他回去。父母不在了，她覺得沒理由回去。我支持她。

她哀傷地講起她的家。那兒成為一個時光凍結的懷舊之地，被製成標本的蝴蝶。孟買的英語後來改為Mumbai，但她拒絕用這個新名字來稱呼她的出生地。在她心中，孟買永遠都會是Bombay。

她是個備受寵愛的獨生女，外祖父每個月都會送她生日禮物。一年一次不足以慶祝她的誕生。她在大量寵物的陪伴下成長（鴿子、愛情鳥、松鼠），眾多僕役可供使喚，她連手指頭都不必動一下。我發出各種問題（僕人是不是很可憐？種姓制度不是錯誤的嗎？要餵松鼠吃什麼？）但是我的問題太過瑣碎、擾人。她不要問題，而想要聽眾。我很樂意當她的聽眾。

她的奇妙故事為我的童年增添了色彩。我全神貫注地聽著，直到眼前浮現史萊特路上的房子，大路車站的火車，孩童們說標準英語的私立學校，百褶裙轉啊轉。

13

相對於母親在印度的生活，我童年的家是不折不扣的災難：既混亂、衰頹、殘破，又豪華、一塵不染。

想像一棟標準的一九七〇年代交錯樓層的房屋，屋主是一名黑幫老大，有著賭場富麗堂皇的個人風格，夾雜一絲李伯拉斯（Liberace，譯註：Liberace，美國藝人與鋼琴家，以浮誇華麗風格著稱。）的品味。然後投入一個忙碌的印度家庭，和一隻隨地便溺的大狗。這樣或許可以描述我家。

房子並不起眼，或者說應該要不起眼。前任屋主有著華麗的裝潢取向，打造了一座通往前門的寬闊大理石階梯，還把後院草坪換成白色大理石露台。其結果是外觀與房屋毫不相襯。就像皇冠頭飾與拖尾禮服搭配卡其褲。

屋子裡頭，幾乎每個房間都有從地板到天花板的鏡子。我的臥室有一整面牆的鏡子。我的衣櫥有一扇門也是鏡面。如果我把那扇門打開，調整到剛好的角度，我便可以看到我自己的無限倒影。這種現象在法語稱為「mise en abyme」，直譯過來是「處於深淵」。

我家是裝潢大雜燴：我的臥室壁紙是樹葉圖案的赭色，我哥哥的房間是銀色鑽石圖案的深棕色，廚房是藍色瓷磚配黃色櫃子，牆面則是褐色斜紋圖案。整間屋子都是粉藍色地毯，一間水藍色浴室，一間橘色浴室，地下室是碧綠色粗毛地毯，車庫是血紅色。如果這一切效果仍太過微弱的話，還有一座水晶吊燈。

由兩千顆水晶構成，入口通道的吊燈幾乎跟樓梯一樣龐大。那是我父親對這個家的貢獻。他把吊燈由印度運送到美國，對其他方面都很節儉的這個男人而言，是項奢華的舉動。吊燈原本屬於一家大飯店的大廳，或許是俄羅斯宮殿。無論規模或重量都跟住家沒有任何關係。更糟的是，你必須由樓梯扶欄危險地探身出去才能清理，所以吊燈一直髒兮兮。唯一被定期擦亮的只有底部的水晶，形成一團光圈。其餘的落灰、暗沉、哀傷。

我的父母沒有更動房子的任何部分。功能失調與不協調讓他們無從改起。水晶吊燈或許還在原地，像是難以搬動的肥碩獨裁者。

我在廚房學會基本消毒技巧。我媽把廚房當成科學實驗室。她把接觸到生肉的器具全部包膜，在流理台上噴漂白水。廚房一塵不染。

屋子其餘地方則不是。我們的薩摩耶犬毛毛，散步的時間總是不夠。牠在屋子裡到處大小便來洩恨，主要是地下室，粗毛地毯成為牠的碧綠色地盤。牠掉毛掉得很多，白色毛球像風滾草滾動。由於家裡沒有空調，牠悲慘地坐在大理石門廳，像隻被放逐的北極熊。

在這混亂的空間當中，我童年的任務是在需要時找出剪刀。想要找到剪刀不是困難，而是不可能。大家用完剪刀後都不會放回原處，因為根本沒有「原處」。被吆喝著找出剪刀，讓我陷入恐慌，甚至哭出來。直到今日，雖然我的潔癖來來去去，我對剪刀極為強橫。打開抽屜看到剪刀，我才會感到安心。

那棟屋子像是事後回想，無人理會。大家都沒時間理它。我深感同情，那棟房子就像我一樣。

我在故事中尋求慰藉。書本將我傳送到農場、船隻和城堡。即便是小說裡發生不好的事情，事件都依循某種邏輯。這使我得到安慰。

我父親對於我看書大發脾氣時，我猜想他覺得我不忠心，我不想住在他家。他是對的，我想離開這裡。

14

我媽回去紐澤西州，諾亞休了一周陪產假在家，我們試著讓生活回到正軌。星期三，他最後一天待在家中，我建議我們帶洛拉和柔依出去散步——我一想到這種景象便會害怕。

洛拉是體重超過二十七公斤的拉布拉多犬，一聞到松鼠的味道便忘掉牠受過的訓練。柔依是龜毛的嬰兒，被放在嬰兒車時便狂哭不已。諾亞對於這二者的結合不以為意，我則憂心忡忡。我已經可以想像到陌生人的表情：為什麼那個女人不能叫她的嬰兒安靜下來？但我必須知道我可以辦到這件事。

那天的天氣陰沉。我一把柔依放進嬰兒車，她嗚咽著扭動身體。洛拉繞著我們打轉，狗鏈纏在車輪上。我們花了十分鐘才出發，此時柔依已大聲哭號。「她會安靜下來的，」諾亞保證說。走了兩個路口，開始下雨了。

通常，西雅圖只會濛濛細雨，很少真正下雨。那天卻是傾盆大雨。諾亞和我手忙腳亂地弄遮雨篷，那是一坨菱形的塑膠，我們左轉右擰，上掀下翻，試著把它蓋住嬰兒車。就像是組裝家具一樣，只不過在大庭廣眾之下，還有個大哭的嬰兒，她的舒適全靠你趕快弄好。

「算了！」我大喊。我用手把那塊塑膠撐在柔依的座椅上，全速衝回家。

「沒事的，寶貝，」我大叫，每當嬰兒車衝撞彈起，我便對她感到十分抱歉，想像她又濕又冷，可憐兮兮。等我們回到家，她睡得好好的。我才是又濕又冷，可憐兮兮。

諾亞哈哈大笑，我則哭了出來。「親愛的！」他嚇一跳。「怎麼回事？」我搖搖頭，無法解釋。「我覺得我做不來，」我低聲說。

我不曉得要如何說明我的感受，尤其是因為我通常是那個不慌不亂的人。他應該要緊張，而我安撫他。

身為媽媽，我覺得不可以犯錯。如果有人看到諾亞笨手笨腳地弄遮雨篷，他會拿到同情分。真是個好爸爸！人們會這麼想。媽媽就不是這樣。如果有人看到我，會對我皺眉頭。為什麼她要在這種天氣帶小孩出門？這些想像中的評斷壓垮了我。

那一天，我一直心情低落。警覺到諾亞即將回去上班，我料想他不在時自己會一塌糊塗。我害怕自己一個人。我聽說過本地的新手媽媽支援團體，可是如果我連簡單的散步都搞不定，怎麼可能應付不熟悉的開車與一屋子的陌生人，而且我的小孩全程哭號不已。

翌日，我的情緒更加低沉。彷彿我被放入一口井。「妳還好嗎？」諾亞問。「妳好像變了個人。」我愣愣地看著他。他的話像是由遠方傳來。

我的憂鬱程度超乎我的理解。為什麼我無法鎮定下來？妳是個媽媽，我告訴自己。妳必須擺脫這種情緒。

等到星期五，我已跌到井底。我的想法黯淡。我不停想著，我只想蜷縮著死去。

我想我明白這種情況，但我不願面對。時間點太糟了。

「事情不對勁，」我終於說。「我想打電話給我媽，可是她在上班。」

「打電話給她，」諾亞敦促我。「她會希望妳打電話。」

我搜尋特倫頓州立醫院的電話號碼，用顫抖的手撥號碼。

「妳為什麼打電話來？」她被傳呼之後回電給我。「我正在開會！」

當她聽見我的啜泣，口氣才柔和下來。

「很抱歉，媽，」我哭了出聲。「我不是故意要打擾妳。只不過……我想我可能有憂鬱症。」

「妳有想過傷害嬰兒嗎？」（她用看診口吻，稱呼柔依為「嬰兒」。）

「沒有。」

「妳有想過傷害妳自己嗎？」

「或許有。」

她並不吃驚。「妳想要住院嗎？」

被問到這個問題，有一種奇特的舒緩感。這表示我被認真看待，我的症狀不是想像出來的。這也表示我對自己的治療有發言權。「不要，」我最後說。「我不想。」

「好的。叫諾亞跟精神科醫師約診。妳會沒事的。」

掛了電話以後，我覺得好些了，和以前跟她講完電話一樣。我媽的看診紀錄有口皆碑。她說我會沒事，我相信她。

15

諾亞馬上去辦。他找到一個幾天後就可以跟我門診的心理醫師，還找到一位那個星期日便可上班的保姆。

通常我是做決定的人。我決定生產的醫院和兒科醫生。我選定我們的房子，我們的狗。諾亞不習慣發號施令，可是他現在無法跟我商量。我癱在床上。

我知道憂鬱症跟意志力沒有關係，但是我對於自己無法下床極為憤怒。我的腳沒有斷掉。但是萬一屋子失火，我也不會動一下。我充滿羞愧。我算那門子媽媽？

諾亞告訴我保姆的費用之後，我更加羞愧。我們的荷包大失血，而我正是禍根。

「我知道妳要說我們負擔不起，」諾亞說，「可是很多人都請保姆。」

我看著天花板發呆。

「我們別無選擇，」他繼續哀怨地說著。「我星期一就要回去上班了，我不能留下妳一個人，不能在妳這種樣子的時候。」

我聽出他聲音裡的哀求。他要我原諒他尋求協助，他要我回來負起責任。

16

凱倫來自千里達。她穿著保姆服來到我家門口，是位無懈可擊的專業人士。我在她眼裡看見客廳：成堆的尿片盒，溢奶的衣服散佈各處。這不是我想給人的第一印象，但是我已累到顧不著。

她說明她做事的方法：餵奶的時間表，睡覺時間表，床邊儀式。「我們希望嬰兒作息正常，」她解釋說。

「作息正常？」我複誦一遍。我沒辦法讓柔依一次睡到半小時以上。凱倫簡直可以去磋商中東和談了。

「當然了，媽媽。」她稱呼我和諾亞為「媽媽」和「爸爸」，這令人惶恐，但感覺很棒。柔依還不會講話，或許我需要聽到媽媽這句話。

「是這樣的，」我結結巴巴地說。「我不確定諾亞說妳會待多久，可是我希望儘快好起來。」

「我懂。我明白。」

「可是妳應該要知道妳會在這裡待多久，對吧？那樣對妳才公平。」

「不必操心我。我聽說妳這段時間都是自己一個人。產後憂鬱，嬰兒哭鬧，太沉重了。妳需要休息。」

「喔，好吧，我要帶妳看一下東西放在哪裡，柔依的房間，奶瓶。啊，天哪，我還沒有招待妳喝些什麼。妳要喝些茶嗎？」

她笑了笑。「放輕鬆，媽媽。我會照顧我自己。」

「妳怎麼知道東西擺在哪裡呢？」

「因為這是我的工作。」

我不認為我可以信任陌生人照顧我的小孩，不過凱倫贏得我的信任。她用劃圈圈的方式給柔依揉背，而不是拍背，緩解她的胃食道逆流。她把嬰兒床墊擺成三十度的角度，幫助柔依入眠。她唱些好玩、隨口編的歌兒。沒多久，我發現自己越來越睏。

「休息吧，媽媽，」凱倫說，抱著柔依。「我會搞定一切。」

這些話宛如天籟。

17

第二天，我去看心理醫生，一位氣質高貴的白髮男士，助聽器仔細地隱藏起來。他的辦公室高雅。書櫃擺滿佛洛伊德，我在研究所曾經讀過的藍色史特拉奇英譯版。那好像是上輩子的事了。

「我很高興妳這麼快便能得到協助，」他說。「妳是如何判斷這是憂鬱症？」

「我以前曾經憂鬱過，大學時期。還有，我媽是一名精神科醫生。」

他點點頭，寫下筆記。

看完門診後，我打電話跟母親報告。她只想知道他開給我什麼抗憂鬱劑。當我讀出藥名與劑量之後，「什麼？」她大發脾氣。「把處方箋撕了！我會開給妳新的一份。我的方式比較好。」

我毫不懷疑。

「把那個人的電話告訴我，」她接著說。「他不能再對其他患者犯相同錯誤。」

「妳覺得我不該再去看他了嗎？他沒有什麼好處？」

「那倒不是，他只是沒有我專業罷了，他在其他方面或許有用處。」

「比如說？」

「嗯，重要的是妳需要有人監督。跟別人談談也有幫助……額外與補充的協助。」她講到最後幾個字時，好像是照著小冊子唸出來。

她說，重點是堅持下去，直到藥物治療發揮功效。憂鬱症是別人看不到的骨折。在我小時候，她一再說明這點。心理諮商像是腫脹用的冰袋，或許可以緩解一些疼痛，但對於內在的骨折沒有作用。

在我們下一次諮商時，我的心理醫生說：「但願我比冰袋有用多了。」他安排我一周見他兩次，直到我開始好起來。

「一周兩次！」我警覺地說。

「或許他很缺錢，」我媽說。

18

一周後，我該做的事都做了——去看心理醫生，吃藥，每天散步，可是什麼幫助都沒有。

基本的生活瑣事（起床，刷牙），需要超人般力量。我好像跋涉過一灘黑色瀝青，肩上背著千斤重擔。瞄一眼時鐘便讓人沮喪。從我上次看時間之後，怎麼可能只過了五分鐘？如果數分鐘如此緩慢，我要怎麼過完一整天？

柔依哭個不停。聽到驚天動地號哭十七小時的事件之後，兒科醫師跟我說這是她遇過最嚴重的嬰兒哭鬧案例之一。她問我是否有足夠的支援。這個問題令我畏縮。在我耳中，那像是一種指責。

她看得出來妳做不好，我腦袋裡響起一個嘲弄的小聲音。大家都看得出來。

那個聲音一直出現在我腦海。惡魔似的聲音擊倒了我。它把我看透了。

有一晚凱倫不在，我被柔依的哭聲吵醒，比平常更加刺耳。我衝去她的房間，發現諾亞站在她的床邊，雙手抱頭。「妳為什麼不睡覺呢？」他大聲抱怨。我讓他離開房間，把柔依抱起來，在懷裡輕搖。

看到沒有？那個聲音冷笑。妳不是真的憂鬱。假如妳是真的憂鬱，妳會去尋死的。騙子！

我人生的每項祝福都變成負擔。我的漂亮嬰兒？我的體貼老公？我只想到，如果沒有我，他們會過得更好。

我明白自己的想法扭曲，卻無法重拾理智。然後，我更加覺得一無是處。我困在一個無止境的負向迴路。

惡魔的聲音提醒我，只有一個方法可以解決。它嘲笑我害家裡花了很多錢。它痛斥我自憐自哀，其他人的境況可是更加淒慘呢。它低語著，我是個廢物。沒有我的話，諾亞與柔依會更開心。他們將可擺脫我這個討人厭的東西。

我不必再努力走過那潭黑泥。我應該闔上雙眼，投降認輸。那樣的話，事情會容易多了。

我看著我女兒，因為沒有慶幸生下她而感到愧疚。

我看著我丈夫，因為變成他的累贅而心痛不已。

我望著灰暗的天空，覺得孑然一身。

因為我無法驅除那個聲音，因為我不知道我還能再承受多少，我打電話給母親。「我很抱歉打擾妳，」我說，強忍住淚水。「我知道妳很忙，只不過……日子好像不值得再過下去了。」

「千萬不要那麼說，瑪育迪。」

「媽，」我鼓起勇氣，叫我自己說出我一直忍著不要說出來的話。「我需要妳。我知道現在不方便，妳才剛來過這裡，但是看到妳會有很大的幫助。就算只是周末——」

「我希望我可以去。」

我看向窗外鄰居家高大的西洋杉，棕色樹幹，綠色樹葉，被遼闊的灰色天空環繞。「可是，妳可以。妳假裝妳做不到，可是我可以幫妳買一張機票。妳可以在星期五下班之後出發。妳可以來過周末。」

電話一陣寂靜。

「我——我是不會開口的，除非我需要，」我接著說。「我知道我有凱倫。還有心理醫生。很多人幫忙，對吧？應該足夠了。可是，我一直想著……妳知道的……結束生命。我覺得我無法再承受了。」

她現在應該要打斷我的話才對。她應該要說，當然了，瑪育迪。叫諾亞去買機票。這些是我迫不及待要聽到的話。

「媽？聽著，我知道妳很疲倦——」

「如果我可以去，我會去的，」她突然說。「我做不到。妳必須接受這件事。」

「可是……這件事難道沒有比工作更重要嗎？還有什麼會比這件事更重要？我不懂。」

「如果我想要現在去看妳，我會死在飛機上。那會讓妳比較好過嗎？不會。」

我把聽筒從耳邊移開，瞪著它看。「這是某種笑話嗎？」

「笑話？我為什麼要講笑話？」

「妳說妳會死？因為什麼？」

「衰竭而死！我的身子已經禁不起旅行了。妳最不需要的是死掉的母親，那對妳的情況沒有幫助，相信我。」

對於我想尋死，母親以死反擊。我無法置信。

「什麼媽媽會有這種反應？妳實在太荒謬了！妳不會死在飛機上的。有誰死在飛機上？可是，一直都有憂鬱症的人自殺。如果那種事情發生了，妳做何感想？」

我聽著自己企圖說服她相信我有價值。我想要陳述理由，告訴她我打算怎麼做，問她在我的葬禮上會做何感想，可是我聽到的只是我的憂鬱。她已經拒絕了。我還要再怎麼羞辱自己？況且，如果我乾脆去死，會不會好一點？

我幻想場景，牆壁上潑灑的黑色塗鴉，要是妳有來的話，她悔恨不已。惡魔的聲音為這個場景歡呼，很開心我終於明白了。我們在這個世界上都是孑然一身，那個聲音說著。明白了嗎？

「她一定是不了解情況有多糟，」諾亞下班回家後說。

「是嗎，我說得非常清楚了。」

當晚稍後，他打電話給她。十分鐘後，他掛斷電話，滿臉驚訝。她的立場沒有改變。從來沒有。

20

那天下午，我身心交瘁。那種毀滅感吞噬了我。情況難以置信到令人無法理解。

我這一生始終相信母親會在我身邊。我堅信，如果我需要，她就會出現。她是我的備用降落傘。現在我終於拉下拉環，卻發現空無一物。

一部分的我想要實行出於惡意的威脅。我想要用哀傷炸毀她的世界。我的女兒需要我，而我卻沒有來。我要她說出這句話，但是如果我死了，我便聽不到她說這句話。

那個下午，我面臨十字路口。我可以聽從惡魔的聲音，或者拒絕它。我可以把這世界看成是無依無靠的地方，或者我可以忽略我媽的反應。我可以痛苦，或者尋求協助。

就在房門外頭，我可以得到協助。我並不孤單。「妳知道嗎，我來這裡不只是照顧寶寶。我來這裡也是要照顧妳，」凱倫有時會溫柔地說。我從未真正倚靠她。我從未真正倚靠任何人。我太害怕了。可是，惡魔的聲音就是要我有那種感受。它依賴我的沉默。

我環顧自己待著的房間：灰色的天空，關閉的房門。我可以待在這個房間，或者我可以鼓起勇氣。我伸手握住門把，淚也不擦。

21

凱倫安慰我，當她得知原由以後，驚嚇到摀住自己的嘴。心理醫師聽到我的語音留言，數分鐘後便回電。「你有查看留言，真是太幸運了，」我說。「幸運？」他又說了一遍。「我不停地查看留言，因為不放心妳！」

凱倫和心理醫師為我感到忿忿不平，諾亞也是。他們在表達不屑時，我並不插嘴。我不為我的母親辯白。我讓他們的話語沉澱到心中。

奇妙的事情發生了。一個小小的紅色氣球在我心中形成。我可以在我的內心深處感受到它。當諾亞、凱倫及心理醫師發表他們的憤怒，氣球隨之變大。

那個紅色氣球是憤怒。我以前從不允許自己生氣。我不想變得跟我父親一樣。但是，屈服於自己的憤怒並未讓我癱瘓，反而釋放了我。紅色氣球幫我提振了心情。

我的人生有了新的清晰焦點。

我不憂鬱了。我不要被母親的反應擊敗。我不要讓任何人具有那種力量，連我媽都不可以。

22

過了一星期，藥物見效，大約是在我開始服藥之後的兩周。

有一天早晨，我醒來時覺得完全正常。我心想，哦，我回來了。那種差異就像暴風雨過後恢復供電一樣的明顯。

下床不再是一項日常雜務。

惡魔的聲音消失了。

我衝去嬰兒床看柔依。

我撫摸她的頭髮，她的臉頰，感受到各種我應該有的情緒。我熱淚盈眶。那是喜極而泣。

23

我很幸運擊退了憂鬱。大多數人負擔不起保姆或心理醫師。大多數人沒有這麼體貼的配偶。我一再重複這些事實，以減輕我因母親而產生的痛苦。

紅色氣球從此之後消氣了。曾經那般強烈的憤怒消失了。在我快要溺斃時，很容易對我媽發洩怒氣。

如今我已被沖上岸，我驚愕地意識到所發生的事。

我產生了各種情緒——痛苦，背叛，困惑。但是，最主要的，我感到難堪。我克服憂鬱。我沒事了，正如母親所預測的。

我要求她飛越美國是不是有些太矯情了？我憑什麼苛求她？

當她移民到美國時，我哥哥還在襁褓之中，她必然極為想念父母。她撐過去了。她沒有求救。

當個媽媽比我以前做的所有事情都更為不易、辛苦。我有好多的怨言。然後，我記起母親的堅忍。睡眠不足，哺乳，這些對她來說不值得一提。

我希望和她一樣堅強。我希望自己為人母的經歷可歌可泣，不是充滿羞愧（保姆！心理醫師！），而是自立自強。

24

數周後，凱倫早就離開了，柔依越來越可愛，我假裝從未打過那通電話。這很容易辦到。我媽很高興聽到柔依最近的可愛動作。我還能跟誰講寶寶的肚肚時間（tummy time）呢？

*妳想要輕生，她卻拒絕來看妳。*這個想法總在零碎時間浮現：疊衣物或洗碗盤，流理台上嶄新的奶瓶刷。我不予理會。「嗨，媽！」當她接起電話時，我輕快地說。

「妳真的以為可以矇混帶過這件事？」心理醫師問說。

我對於去看心理醫生感到矛盾。雖然跟人坦白心事很能紓壓，我對自己仍然需要協助感到難堪。既然克服憂鬱症了，我希望這是我人生中最幸福的時光。可說是奇蹟吧，心理諮商的費用由保險公司支付，於是我用最愚蠢的理由去看醫生：反正不花錢。

「妳坦白告知輕生的念頭！」他說。「她的反應會讓任何人受傷。」

或許吧，也或許我媽確實是一位高明的精神科醫師。或許她由多年經驗得知我並沒有對自己構成嚴重威脅，即便我極為認真地如此堅稱。她知道溺愛沒有好處。

「溺愛？」心理醫生複誦一遍。「妳真的認為這樣子有得到幫助？」

我猜有吧。

「妳不覺得她的反應很奇怪嗎？她說她會死在飛機上？」

我必須承認，那個部分的確很奇怪。「可是，」我辯解說，「假如她那天在電話裡猶豫了，假如她東扯西扯，我想我會更難過。她那麼地確定。那麼固執！她拒絕退讓……而把我激怒了。奇怪的是，那有幫助。」

「怎麼說？」

「憤怒對憂鬱而言是一種好的改變。它讓人，怎麼說呢，能量充沛。」

「妳是說她是故意這麼做？如果是的話，她可是冒著極大的風險。」

我回想講電話的那天：灰色的天空，鄰居家的西洋杉。我永遠無從得知母親的想法，但我知道我的威脅不是隨便說的。

「妳屈服了，為妳母親辯護。妳有想過跟她討論妳的感受嗎？」

我把頭轉開。那個心理醫師不了解。我無法承受跟我媽起衝突。甚至在青少年時期，我都避免跟她吵架。「我的父母離婚了，」我這麼跟人家說，「可是我媽和我真的、真的很親密。」她是我唯一的媽媽。我不想冒險破壞這段關係。

記憶的殘酷特徵是，創傷持續鮮明，愛意卻褪色模糊。我從幼年起對母親沒有很多回憶，對父親卻記得很清楚。七歲時。夏天。他叫我到車道上罰站，因為他在沙發底下找到一根我的蠟筆。他命令我赤腳站在柏油路面。他會從客廳窗戶監視，確定我沒有單腳跳著或溜到草地上。柏油路熱得發燙，在七月豔陽下幾乎要融化似的。我哭著，雙腳和羞恥心同樣炙熱。我告訴自己動一下，卻做不到。一輛警車開過去，在我們郊區街道很少看到。我想著要不要把警車攔下來求救，又害怕給家裡惹來麻煩。後來，冷水把我驚醒。黃色的水盆。母親的手按著我起水泡的腳。她帶我去Friendly's餐廳吃冰淇淋。我點了一份Reese's聖代。我不喜歡這個聖代又黏又甜，可是我喜歡她的關心。「拜託，吃吧，瑪育迪，」她溫柔地說。吃完聖代可以讓她知道我沒事。我盡責地吃著，一匙又一匙。

八歲時。格林菲爾德女士的課堂。黑板是她用粉筆填寫的友善綠地。陽光灑滿我的課桌。我在第一次拼字考試得到一〇四分。「起初我以為妳得到九十九分，所以我那麼寫，」格林菲爾德女士說。「後來，我看到妳寫了考卷後頭的加分題，那五個超難單字，妳全都答對了！所以，我改了妳的分數。」

我看著考卷：紅色的九十九分被槓掉，改為一〇四分，還加上一個感嘆號。我產生勇氣，便請父親在考卷簽名。格林菲爾德女士的教室，她看待我的方式，以及那個感嘆號，都讓我感到希望。

他仔細端詳考卷，再仔細端詳我。換成我媽，早就簽名了。

「妳以為我是笨蛋嗎？」他咆哮。「把九十九分槓掉！好像老師會犯下這麼愚蠢的錯誤！每個人都看得出來一〇四分是不同的筆跡。妳真是丟人！竟然這樣作弊！」毫無預警之下，他舉起手來，打了我一巴掌。我摸著臉頰，一臉錯愕。

我流下眼淚，但不是因為他。我是氣自己怎麼沒料到。

格林菲爾德女士問我為什麼考卷沒簽名，我說我忘了。她意會到什麼——我聲音裡的顫抖，我的眼神——而嘆了口氣，沒有叫我再把考卷帶回家。我衷心感謝她。

＊

九歲時。文字為我開啟一扇大門。我一向喜愛閱讀，寫作則是一種新型魔術。我可以塑造自己的逃脫出口。

我寫了一系列以虛無為主題的詩：關燈之後的情形，空盪盪房間裡頭有什麼，事實上，「虛無」是一個詞，因此不是真的虛無。一個周六下午，我用最工整的書法抄寫這些詩。把它們貼在我房間牆上，不斷調整，直到順序對了。

由於家中僅有的書籍是我父母的醫學與工程教科書，我不知道就一個主題寫出一個系列，是詩詞的型態。我以為自己發現了這種概念。我以為自己是個*天才*。

父親走進我的房間。他仔細看著那些詩，我則坐在床上看著他。他扯下一張，撕個粉碎。「把這些統統拿掉。浪費時間！我在妳這個年紀的時候……」

我看得出他在醞釀怒氣。他講著講著，火氣越來越大，惹他生氣的原因在他腦中膨脹二倍、三倍，問題不再是寫詩，而是根本的問題，那就是我。沒多久，他開始謾罵。「愚蠢的女孩！」「不負責任的女孩！」「被寵壞的美國女孩！」

我深吸了幾口氣。這是我經常使用的方法：*不要哭。這次不要哭。*

「妳以為這些是什麼東西？詩？」他譏諷這個字。「妳自以為是什麼藝術家嗎？*作家*？」

後來，等我長大，一名友人告訴我他童年時遭到霸凌的事件，他被罵說是同性戀。雖然他明白這是刻意的辱罵，他同時醒悟：「等等！所以我是這種人？」

我那一天的情況也是如此。我已經習慣父親對我辱罵——「沒用的女孩！」這句話通常會讓我啜泣——可是那個下午，*作家*這個字眼像是一支射中另一個靶心的箭。作家！我無法相信有個字眼可以代表我這個人。我在心裡挺起胸膛。

雖然我聽從命令把那些詩都拆下來，扔進字紙簍而不是藏起來（他會找出來，再對我怒吼），這一切是有價值的，讓我聽說那個字眼。那一天，就那麼一次，我沒有哭。

26

他是個工程師。蓄著八字鬍，戴粗框眼鏡。用大寫字母書寫。總是心不在焉。

他時常在開車時，眼睛瞄到了什麼東西，便轉頭去看，車子就偏向另一邊。我們不只一次這樣發生車禍。我拿到駕照以後，他告訴我變換車道的最佳方式不是檢查自己的盲點，而是逐漸切入車道，看看有沒有人揿喇叭。

他喜歡事情黑白分明，討厭他不理解的事情。他是個色盲，這個特徵再適合他不過了。他看不到細微的差異。

中學時，我加入田徑隊，當短跑選手，他下班回家後，帶我到附近的田徑場。「再一遍！」他會大喊，叫我一遍又一遍跟他賽跑。「我五十歲了，是個老頭子！妳應該要贏我才對！」隊上訓練以及晚上練習，害我得了脛骨疼痛。我爸叫我用跑步去克服。我的脛骨嚴重發炎到穿長褲時都會哭出來。兒科醫師診斷我是壓力性骨折。我退出田徑隊。

一年後，我加入網球隊，他帶我去附近球場，吼叫著要我每一次都在球第一次彈起便要接到球。大家目瞪口呆。「先生，」一位戴遮陽帽的女士看不下去的說，「你不該那樣對你女兒吼叫。那是不對的。」她對我微笑。我畏縮著。她的關心讓我感到丟臉。我知道我父親會在沒人看到時，再次對我吼叫。

如果我更強一些，他就不需要吼叫了。我知道他是試著讓我變強。如同他解釋的，我應該心存感激才對。

他的話在我聽來很有道理。我應該忽視自己的疲累。我應該在夏天早上七點起床打掃屋子。我應該親切待客，幫他們上菜。對於自我提升而言，這些似乎合理。

假如我可以聽話。假如我不要那麼多要求。也就是說，我一無是處。我的外貌不對，選擇不對，想法不對，身體不對。如果孩子是一則進行中的故事，他想要把我重寫。他的版本很吸引人，像我的印度漫畫裡的故事。

27

「總有一天，我會跟他離婚，」我媽這麼跟我保證。這是我童年時最誠摯的願望，每年耶誕節我會偷偷許願。我爸吼叫。我媽溫柔。根本沒得比。我要跟她在一起。

有時，她會在Friendly's餐廳許下承諾，我們在吃冰淇淋時模仿他發脾氣。有時她在看到他發飆的證據後，也會這麼說。「時鐘怎麼了？」她問說，從地板上把它撿起來。然後她看看我。「哦。」

每一年，我越來越不相信她。「有些事妳不了解，」她咕噥著說。「我必須等到妳長大才可以離開他。父母離婚的孩童很痛苦。我在工作上看到太多了。」她的藉口令我苦惱。如果她是為了我才留下來，為什麼要跟我講？跟我說明她的離婚計畫，也無法讓我不為這種想法煩惱。

無論她的邏輯多有瑕疵，我很開心她跟我分享。如果她假裝婚姻沒有問題，忽略他的行為，情況會更糟糕。她承認這種情況，證明了我的想法。那表示我們家的緊張關係不是我的錯。如果她跟他也處不好的話，不可能是我的錯。

「有問題的人無法照顧他們的子女，」有時她會跟我說。她指的是她的病人，思覺失調症和成癮者，但是她又多看了我一眼。妳的父親也是這種人。她從來沒有說出口，可是我能夠感覺到。

我存在於她知覺的關卡，在她願意承認的界限。彷彿她列出一個等式。他不穩定。她想要離開他，卻做不到。而我是那個理由——那個變數。

我不知道如何解題，但我看到為人父母的基本選擇，這個等式的條件。你可以當個為子女全心奉獻的父母，抑或你可以成為不穩定的來源。你可以提供無條件的愛，抑或你可以索求無度。你可以像她，抑或你可以像他。

28

我通常不談我的父親。我從來不認為我應該。我的生活無虞。我讀好學校。我要抱怨誰呢？

我告訴自己，其他孩子的情況更慘。我想著被父母性侵或者因為酗酒、嗑藥而遭到遺棄的兒童。這麼想從來沒有讓我好過一點。虐待以可怕的型式發生，而且極為頻繁，並無法把這種事正常化。想著更悲慘的痛苦並無法減輕我的痛苦。

每當我看到慈愛的父親們帶著女兒，我心中便涼掉。父親從未抱過我。他從未說過他愛我。我不知道那是什麼感受。想要被我父親接納已經夠難了。受到愛護——我無法想像。

我只知道他對我有明確的行為規範，我沒有遵守時才知道有這些規矩：在印度神廟的站姿不正確，穿著太暴露，在圖書館看了下流書刊，應該認真時卻崇拜流行文化。

和人家碰面時絕對不可以遲到；女孩不可以讓人家等候。絕對不能抱怨身體的不適；我過著很好的日子。絕對不可以打扮漂亮（那是自以為是），搽化妝品（那是淫蕩），或者跳舞（那會發出錯誤訊息）。

在我父母離婚後，父親便脫離了我的人生。他想要看我的話，必須透過我媽。不必見他讓我覺得好多了，但也讓我困惑。我難道不想要他參與我的人生？他難道不想要參與我的人生？每當他打電話來，我出於愧疚便假裝一切都好，儘管我們上次講話可能已經是好幾個月前的事了。

多年後，我搬到紐約，我們一起吃過幾次晚飯。吃飯是很尷尬的事情。他滔滔不絕地講著他的工作和他的同事，以及和他們的緊張關係，我則是聽著及點頭。他不詢問我的生活。事後，我覺得焦躁、困擾，因為這不是子女與父母應有的互動方式。那幾次吃飯比較像是差勁的約會。

我很高興搬到西雅圖，拉開我們之間的距離。他對我的生活不感興趣，在三千英里之外比較可以令人承受。然而，直到柔依出生後，我終於可以消除我的愧疚。

我不再介意父親有多麼差勁。以往每當有人問起他，我總是採取防禦姿態。我為他的行為辯護，告訴自己他其實沒有那麼糟。我保持沉默，不是因為他差勁，而是因為我認為他沒那麼差勁。

我很高興不必再蜷縮著，能夠站起來伸伸腿，說出發生的事情，不是因為我需要聆聽者的回應，而是單純享受我能夠站起身。

29

白天變得越來越長，越來越輕鬆。我愛極了柔依。她三個月了，會發出聲音及微笑，喜歡洗澡，不再哭鬧之後，她是個開心的寶寶。她還是沒有睡一整晚，實際上沒怎麼睡覺，可是我撐過來了。我甚至著手寫一部小說，我已經構思了一段時間。

我一直排斥寫小說的念頭，因為這麼做似乎很傻、古怪、做白日夢。柔依讓我對夢想有了全新看法。夢想不是很棒嗎？如果我不追求自己的夢想，如何敦促她追求夢想？

我曾經希望女兒可以讓我逃避人生何去何從的問題。她卻舉起一面鏡子。我看到我在躲避自己的夢想。我這一生都在這麼做。我去讀醫科預備、去做管理顧問、又去當學者，我知道那些道路都不適合我。我想要受人矚目，因為我害怕面對自己的想望。

那個嘲笑我想要寫作的聲音，是我憂鬱時那個惡魔聲音的表親。妳自以為是什麼藝術家嗎？作家？我認得那個聲音。我大半輩子都在聽著。

我決定嘗試寫小說，儘管我疲憊不堪、缺乏睡眠、思緒混亂。我完全不在最佳狀態，但至少我動力十足。

柔依探索著她的世界，而我認為我是她的世界的支柱。這種想法讓我清醒過來。如果我希望她腦中聽見鼓勵的聲音，我必須送給自己相同的禮物。照顧好我自己，我才能照顧好她。

這整件事讓我重新思考為人母親。在頒獎典禮上，總是有人流淚感謝自己的媽媽。「她為我犧牲了一切，」他們會聲淚俱下地說。我不希望柔依一輩子都想著我為她而犧牲。我不希望她繼承我的愧疚。

我對為人母親的假設全部錯誤。我以為自己應該知道所有的答案而感到害怕，卻不曉得女兒會幫我找到答案。我擔心她會變成我的夢想的障礙，而不是我追求夢想的理由。柔依讓我想要成為最好的自己。那不叫犧牲，那叫鼓舞。

因此，在諾亞下班回家，我做好晚餐，把柔依送上床之後，我會去一家深夜咖啡店。那並不容易。我為了離開家而內疚。一大清早便起床，此時我被沙發誘惑，很想窩著看難看的電視節目。可是一旦到了咖啡店，一旦坐在習慣的桌子，只有我和自己的思緒，真是太幸福了。

人們總叫新手媽媽好好照顧自己，去按摩或跟姊妹淘喝杯紅酒。那些事情不適合我。一想到按摩的費用，我便會皺眉頭。我在西雅圖的女性友人都是新認識的，仍處於友誼的審查階段。只有在寫作時，我才能放鬆。

在初為人母時考慮自己的欲望，聽起來像是最糟的時間點，但或許是最佳、最需要的。在必須照顧一個人類、被要求壓抑自己的需求時，我們最需要牢牢掌握自己。我們不必叫新手媽媽去好好享受，做電影裡頭的女人輕佻活動，我們應該說：找尋自我。鼓起勇氣，以免為時太晚。你有可能被埋葬。或許妳已經覺得被埋葬了。做些能夠鞏固自我意識的事情，補強妳的擋土牆。不必擔心這感覺很嚇人。真是這樣的話，或許是好事一件。

寫一兩個小時小說，修復了我。我從咖啡店回家時，感覺煥然一新。

或許這才是我們應該送給新手媽媽的東西：一部筆電和一杯咖啡。一本筆記和一支筆。做夢的許可。

30

那年春天，柔依四個月大，我聽到父親的消息。

他在柔依出生時沒有打電話。他從來不知道我的預產期。他唯一一次表達知道自己孫女誕生，是在後來寄給我一封電子郵件，恭喜我生了「佐奧」。我絲毫不感意外。

他最近的信函像是晴天霹靂，就像他所做的每件事。他寫說，他訂婚了。接著長長一大段訴說他的未婚妻。他們計畫到西雅圖來玩，而且要在我家住一星期。什麼日期適合呢？

我闔上電腦，過了一秒再打開以確認我沒有眼花。我渾身發抖。每當父親再次出現在我人生時，我都有這種戰慄感。

我把這封信轉寄給諾亞和一名親近的友人。分享不幸便可減輕不幸。那一天我不停走動，驚恐不已。

我不知該如何回信。我已經兩年沒有見過我父親了。他要跟一個陌生女人出現在我家裡……這種景象簡直難以想像。

然而，我完全清楚他的打算。他期待我煮飯、打掃，扮演女主人。他都不會想到我或許不想見到他。聽到他的消息便令人不安。他以為我應該為他放下手邊所有事情。

我是父親講述的故事裡頭的角色，他在故事裡是個家庭美滿的成功男人。他不在乎故事與事實不符。他不在乎故事不是真的。他期待我反射出他好的一面。

幾年前，我的哥哥結婚，父親舉辦了一場宴會。他邀請了朋友和一些親戚。他播放了照片幻燈片，包括我媽的近照。一些賓客不知道他們離婚了。幻燈片描繪出一個圓滿家庭的幸福景象。「您的母親在哪裡呢？」人們有禮貌地問。「她今天身體不舒服嗎？」

每個人都叫我拒絕父親來訪。「這是妳最不需要的，」諾亞說。「妳已經很多年沒見過他了！他不能就這樣帶著女朋友翩翩然來到妳家！」我的朋友生氣的說。「跟爸說，妳很忙，」我哥建議說。

我知道他們是對的，可是我以前從未拒絕過。每當父親來電，我都順從。

儘管各方的忠告湧入，讓我重新思考情況的卻是還不會說話的柔依。她促使我思考做個好父母，而不是好女兒。我不希望她覺得虧欠任何人，特別是要犧牲她自己的幸福。如果她適用這個原則，我也一定適用才對。

我回信告訴父親，現在的時間不適合。我以為我會覺得愧疚，像個差勁的人。相反的，我覺得輕鬆。就這一次，我讓自己的日子好過一些。我成為自己的盟友，如同我希望柔依成為她自己的盟友。我在人生中做出更好的選擇，不是儘管有女兒，而是因為她的緣故。

我準備好面對後果，可是父親沒有回信，也沒有來電。數周後，他的未婚妻跟他分手了。他並沒有開口說要獨自一人來訪。

那封電子郵件是我們最後的對話。

31

我考慮要結束跟心理醫師的諮商。我終於站起來對抗父親。我不再服用抗憂鬱劑。我甚至在寫小說！這些當然都是正面發展。

讓我重回心理醫師診間的理由是我的母親。心理醫師似乎打算讓我以不同眼光看待我媽。彷彿他想要從我身邊搶走她似的。這種事不可以發生。我決心正面突破這個問題。

「這是心理分析，任何事都是我媽的錯，對吧？」我開玩笑說。「但是，聽起來你好像是要把我的憂鬱怪罪給她。」

「這個想法很奇怪嗎？」

我瞪著他。「你……你應該要反駁我才對。」

「妳看不出她的行動和妳的疾病之間的關聯？」

他不可能是認真的吧。我用目光掃瞄診間牆壁，找尋文憑之類的。這個人有讀過醫學院嗎？「憂鬱不是媽咪問題造成的，而是神經傳導物質減少之故。」

「沒錯，但是我們不知道造成傳導物質減少的原因。環境也有關係。」

「我剛生完小孩！荷爾蒙改變是主因。」

「妳不認為有其他因素？」

「比如什麼因素？」我困惑地問。

「比如缺乏支援！覺得在生產時沒有獲得支援的女性，更可能發生憂鬱。」

「不，不，不。」我搖頭。「那種事情是針對單親媽媽，或者，我不知道，沒有體貼伴侶的女性。不是我。」

「妳說妳的母親永遠在妳身邊——」

「因為她以前是。」

「我很難相信她毫無理由便拒絕來探視妳。妳決意幫她講話，我不確定她是否值得。」

聽到這些話，好像被人打了一巴掌。

「告訴我，」他溫柔地說，「最近她的行為有改變嗎？是否有跡象顯示她已經不會在妳身邊了？」

我想到她辭掉工作。我想到她宣稱自己老了。我想到我不希望醫生說的是對的。我堅定地說：「沒有。」

「妳在懷孕時是否想念她？」

「沒有！」我幾乎大叫。我發現自己坐在椅子邊緣，雙手死命握緊。我強迫自己放鬆身體。「我是說，好吧，或許有一點，」我老實說，「可是有許多其他時候我也想念她。那時候我並沒有憂鬱。」

「什麼其他時候？」

「嗯，比如我去上寄宿學校——」

「妳去上寄宿學校？」他在筆記本寫下一筆。

「是啊，但那是我的選擇！」我試著從對面看他寫下的文字。「重點是，我沒有憂鬱！」

他換另一種方式。「當妳在大學得了憂鬱症時，她做何回應？」

「她做何回應？」我諷刺地重複一遍。「她幫助我！她是我好起來的原因！」

但在我講這些話時，記憶慢慢爬進心頭：大一那年，我躺在宿舍房間床上好多天，或許數星期，友人與男友很擔心，因為我不肯起床，甚至沒去上課。我媽打算放寒假時再帶我去看醫生。他們要我立刻去醫療中心。我覺得太丟臉了，因為花俏的大學資源不可能會要用在我身上。

我應該有更正確的了解，但是我媽也應該有才對。如果換做是柔依，我會讓她那樣痛苦而不管她嗎？

心理醫師看著我，等我講話。

「我真的……我不明白你幹嘛一直提到她，」我終於開口。「我想要前進。」

「妳不認為妳的過去有關係嗎？」

「聽好，我是主修英語。我知道我該怎麼說。『過去甚至不是過去，』對吧？但那是文學。這是我的人生。」

他從眼鏡後面打量著我。

「我知道你在想些什麼，」我又說。「你在想說，一談到我媽的話題，我就抗拒你。那是佛洛伊德說的。但是，佛洛伊德的問題在於，你沒有置喙的餘地。如果是父母抗拒的話，他們便是在否認。但這不是否認！」

他點點頭，但是我發誓他的嘴巴抽搐著。

「妳說寄宿學校是妳的選擇，」他說。「跟我說說吧。」

32

我跟不熟的人說：我們鎮上的公立學校經歷一連串削減預算。寄宿學校似乎是個好主意，因為我想在課業上精進。「有道理，」人們回答說。

我跟朋友說：我從小便嚮往寄宿學校（誰不是呢？），於是說服我媽送我去讀，我告訴她，我的公立學校已經走下坡了。我在遊說時，讓她看了電影《春風化雨》（*Dead Poets Society*）。那所公立學校其實沒有沒落。我說謊是為了找藉口。

真正發生的事，我從來不曾告訴任何人。我隱藏真相，我父母也是。

我把這個故事的不同版本（虛假，有點真實，完全真實）看成是一個飛鏢座的圓環。外圈是不熟的人，內圈是朋友，但沒有人正中靶心。我可以讓人靠近一點，但總是透過精心校準的故事，好讓自己像是可以產生共鳴、正常的人，遠離紅色危險區。父母和我刻意迴避真正發生的事情，直到它好像從來沒有發生過。

33

真正發生的事情是，十三歲時，我企圖自殺。

有一天下午，我父親在客廳裡看一部電影。我走進去時，畫面上的犯人正在割腕。我沒有嚇到，而是感受到一種可能性的快感。我從來不知道結束生命也是一種選項。這就好像在菜單上發現新的一頁。

通常，我晚上睡覺時都會希望自己死掉。我希望自己變成因為罕見癌症而夭折的兒童。我不是乞求憐憫，我是想要得到解脫。我父親的問題還有什麼其他解決方式呢？

當時沒有網際網路，我無法查詢該怎麼做才好。我研究自己的手腕。我猜想直的割或許比橫的割來得好，像是剝開豆莢一樣。我決定在星期一動手，那天我媽要工作到深夜。

我臥室的衣櫃鏡子門有著複雜的雕刻花紋，其中一部分損壞了。有一次我的大姆指被尖銳處割傷。我用手腕在那個地方摩擦。沒事。我把那個尖角往下摺，也沒用。

我從廚房拿了一把水果刀。右手拿刀劃左手腕。我一定是沒割到血管，不然就是割得不夠深。我換一隻手。多年來彈鋼琴，讓我的左手變得很靈巧。我直接對準一條藍色血管。

有流血，但不夠多——不像電影戲劇性噴濺。我自己用繃帶包紮起來，想說晚點再試一次。

那天晚上，父親衝進我房間，開始對我吼叫。大多數的星期一晚上都是這樣。他說，我的服裝太暴露。穿緊身褲四處走！我太丟人了！

我像平常一樣深呼吸。告訴自己不要哭。

「沒用的女孩！讓人注意妳的身體。妳想當個妓女嗎？」

我努力不要哭，但徒勞無功。我的淚管背叛了我。我覺得沒有辦法逃離他。

他離開房間，然後拿著剪刀回來。即便在那種恐懼時刻，我仍然訝異他是如何那麼快速地找到剪刀。他從抽屜扯出我的緊身褲，動手剪爛它們。

「住手！」我終於哭喊，因為他正要剪開我的銀色緊身褲，我唯一一條酷到不行的褲子。「你不可以這麼做！這是不對的！」

「不對？」他哼了一聲。「妳憑什麼跟我說什麼是不對的？」

「因為這個！」我舉起紮著繃帶的手腕。「你對我吼叫，逼我做這件事！」

他的眼珠突出，這次不是因為暴怒，而是因為震驚。當他放下剪刀，我好像勝利了。

「妳——妳割腕？」他說。

「我想要自殺，」我叛逆地說。

他走出房間。

我曉得我有麻煩了。等我媽回家後，他會跟她講。天知道到時候會發生什麼事。

當晚我留意聽著她的車子開進車道，但沒像平常一樣跑下樓。我假裝睡著了。我爸替她打開車庫。我聽見他們低聲說話。那天晚上我失眠了，擔心自己的命運。我告訴自己，至少不會再有祕密，不必再假裝什麼事都沒有。我做了連我的父母都無法忽視的事。

隔天早晨，我媽開車送我上學時什麼話都沒說。放學時她來接我，但沒有再回去上班。那天下午她留在家裡。

我練習彈琴。她走過來，和我一起坐在鋼琴凳上。我一直彈琴，眼睛看著樂譜，心臟狂跳不已。

「妳的父親，」她說。

我的手指停在琴鍵上。

「妳的父親說妳想要自殘？」

我一語不發。

「我可以看看嗎？」

我捲起衣袖。她看了看繃帶。

「千萬不要再那麼做了，好嗎？」

我遲疑了一下。「好的。」

我繼續彈琴，剛開始有些顫抖。過了一陣子，琴音變得流暢。我放心了。我向來討厭母親視而不見的作風，可是現在我明白她這種做法的智慧。我很高興她沒有大驚小怪。我喜歡我一切都好的封面故事。

一星期後，我提出寄宿學校的想法。我沒有提到我必須逃離父親。我用最成熟的聲音說：「妳知道最近公立學校不行了。」她若有所思地點頭。《春風化雨》的故事是一名有藝術氣息的青少年因為控制慾的父親而自殺。我們兩人都不提那件事。

「不要太遠的。」這是她給我的唯一指示。

我上圖書館，詢問館員有哪些「不是太遠」的寄宿學校，然後申請了她隨口提到的兩所學校。

我終於解決了問題，很久以前母親提出來的那個等式。答案是消除變數。答案是把我去掉。

沒多久，我聽到母親在一次晚宴上的談話。「這些公立學校！」她說。「它們走下坡了！」

過了這些年之後，我的右手腕仍留下淡淡的疤痕，一條血管上面的一小塊皮膚有時會反光，很光滑。我看了很開心。這是我唯一的證據，被避而不談的真相糾纏的鬼魂。

34

在我最後一次和心理醫生諮商時，我被他哀傷的神情給嚇到。

「我好多了，」我指出。「不再憂鬱了！」

「是的，」他沉重地說，「可是造成妳憂鬱的情況，儘管妳不那麼認為，仍讓我擔心。我擔心妳和母親相處的情況，坦白說。」

「為什麼？」

「因為這些問題會再度浮現。」

他的話像陰魂不散。聽到我為什麼去讀寄宿學校的真實故事後，他的看法跟我略有不同。我看到的是一個懂得不要生氣激動的母親，他看到的則是父母疏忽的模式。「疏忽！」我脫口而出。

我不再去看那名心理醫生以後，母親開心極了。「他是個江湖郎中！」她高興地說。

「他覺得我應該繼續諮商。」

「他當然會那麼想。妳可是一棵搖錢樹。」

「媽……他要我跟妳談談，嗯，你沒來看我的事。」

「就是因為我不能去！」

我深吸了一口氣。「妳認為可能會發生什麼事？妳真的認為妳會死在飛機上？」

一陣沉默。

「妳認為那是合適的話嗎？」我刺激她。

「喔，合適，合適！妳有妳的看法，我有我的。」

「我記得發生的事，而妳選擇遺忘。」

「或許妳說得沒錯。」

這次輪到我沉默了。我思索著她哲學家的口吻。我懷疑她會承認到什麼程度。

「聽著，媽，我不是在生妳的氣。很顯然一切都沒事了，我只是要妳承認妳做出了一個選擇。不是妳不能來看我，而是妳選擇不來。其中的差別對我很重要。」

「如果對你很重要，那就算是吧，」她說。「現在，告訴我，柔依最近怎樣了？」

35

時序由夏天進入秋天，她抱怨疲勞。她完全沒有樂在工作，充滿行政煩瑣。她的日常生活聽起來毫無樂趣。「媽，妳為什麼不回去做研究？打電話給妳以前的老闆！」我建議。

「我太老，做不動了，」她喃喃地說。「我只需要再堅持久一點就好。」

我不喜歡她說話的口氣。

幾個月後，柔依過了周歲生日，我媽退休，剛好做到可以領退休金。一如往常，她同時做出數項決定。她辭去工作，賣掉紐澤西的房子，搬到我哥住的康乃狄克州小鎮。「萬一發生什麼事的話，」她解釋說。

她的一生都是在迴避災難。為什麼不享樂呢？

「妳現在要做什麼呢，那麼多閒暇時間？」我問。

「我什麼都不想做。我只想休息。」

「剛開始或許不錯，可是妳會無聊。」

「我從來不會無聊。」

「這個夏天來我們家，」我提議。「我會負責所有事情。妳可以看柔依。一根手指頭都不必動。西雅圖的夏天很美。」

我在電話線上聽到她的不情願。

「是錢的關係嗎？」我疑惑地問。「因為我可以用飛航哩程，而且——」

「不是錢的關係！」她怒吼。

我嚇到了。我媽從來沒有大聲講話過。

「我得掛電話了，」我很快地說。

「瑪育迪——」

「不，不，沒關係。」我不該勉強她。這是我父親試圖灌輸的觀念：我應該不要要求那麼多。我必須學會比身邊的人更加強大。

36

諾亞開始頻頻出差。他去日本的行程通常持續一周或兩周，而且幾乎總在最後一刻決定。

我想要當個看起來從容不迫的媽媽，不經意地提到配偶出差，彷彿沒什麼大不了。但我的感受全然不是那麼回事，我覺得恐慌。

我的恐慌並不合理。大多時候我都是獨自一人照顧柔依，因為諾亞整天工作。我的焦慮源自於憂鬱時深植的一種想法。萬一我們在這個世界上都是無依無靠？我害怕那個惡魔聲音說出一個基本事實。我不能指望任何人。

我的背痛加劇。「妳還好嗎？」鄰居問候，看著我蹣跚而行。「喔，沒事。」我倚在柔依的推車上，擠出一個微笑。「我很好！」

我打電話給母親，問她的退休生活過得如何。我告訴她，我清晨五點就和柔依一起醒來，我們必須在雨中遛狗，在背痛下很難讓嬰兒車上下前門階梯，還有這些都無法阻止我親手製作嬰兒食品或者去逛動物園。我永遠不會再明白要求她幫忙了，但是如果我給她累積足夠的愧疚感，或許她會主動開口。

她隻字不提，反而說：「妳為什麼不像正常人一樣去買嬰兒食品？把洛拉放到院子裡。還有，請個保姆！」

她不了解。照顧柔依對我而言並不麻煩，讓我困擾的是孤立感。我們之間的魔法門怎麼會關閉了呢？

可是，我說不出口，因為她以前日子過得更辛苦。我希望自立自強，但不知道如何承受孤獨。這點，我也說不出口。

我說不出口的事情都來自於我的身體。我的背痛嚴重到讓我跛腳，每走一步，坐骨神經痛都讓我疼痛不已。我必須用相撲力士的站姿，才能把柔依從嬰兒床抱起來。每個月都出現新症狀。我的病歷越來越厚：髖關節滑囊炎，椎間盤突出，旋轉肌撕裂傷，肌腱炎，胸廓出口症候群。每當醫生說慢性壓力是主因，我鬱悶地笑一笑「我是個媽媽，」我說。他看起來疑惑不解。

我媽說，還有更糟的情況呢。「我以前用尿布。妳能想像嗎，洗尿布？你已經輕鬆很多啦！」

我覺得好像受到責難。她說對了。如果她可以做到，為什麼我不行？

37

自立自強到了某種程度，便會變成冒險。若妳可以假裝不需要，為什麼要跟別人求救呢？我開始假扮雲淡風輕的媽媽。「諾亞又出門兩星期了，」我故作平淡地說。

結果，當我假裝不在意的時候，我反而獲得更多同情。「兩星期！」朋友們尖叫。我越是裝腔做勢、堅稱自己沒事，越是得到關心。

如果我打電話給我媽，說些柔依的逗人喜愛故事，她便會稱讚我。瑪育迪，沙努迪，拉努迪！我們又回到贊同與親近區。假如我是因為覺得不勝負荷而打電話給她，她會變得不安，急忙掛掉電話。

我開始加速這種循環，捏造情緒以獲得我渴求的反應。我進行神智清醒的人不會嘗試的事情。我擦洗房子的外窗，用蒸汽熨窗簾，為鄰居小孩舉辦主題派對，親手製作所有的食物和裝飾。

「妳不必做這些，妳明白的，」諾亞神情痛苦地說。

「我想要做，」我堅持說。

「妳的小說呢？接下來不是要找經紀人了嗎？妳應該去找經紀人！」寫作是一回事，出版又是另一回事。研究這個程序後，我感到十分畏懼，於是決定放棄夢想。經紀人，編輯。我在騙誰啊？

出版彷彿遙不可及，不僅是因為競爭激烈，還有個人因素。像我這樣的移民第一代的作家通常寫作同化或第三世界的故事。我的小說是有關上流社會的特權。印度裔美國人寫什麼白人盎格魯－撒克遜新教徒（WASP）啊？我應該是往內看的圈外人，而不是往外看的圈內人。找尋出版商已經夠嚇人了，並且將是一場苦戰。

我因此專心主持我的完美城堡。我不確定我能否找到經紀人來代理我，可是我可以讓家做為我的美好代理。

我把做家事的成果拍下來，照片上傳到社群媒體。在外界看來，我的生活是精心安排的美食與節慶派對的光明組合，每次貼文都累積大量的「讚」，我一邊看著，一邊用冰袋冰敷最新受傷的地方。

做個完美主婦，充實了我心中的某個部分。我告訴自己，這一切是為了柔依。我給予她我不曾有過的美麗整齊房屋，一個她會感覺受到栽培的環境。我告訴自己，她偏好手工嬰兒食品，洛拉的散步時間至少要有半小時，我在這些事情別無選擇。我把自己抵在一道隱形的牆，如同我媽以前那樣。

或許我最初對於為人母親的假設是對的，便利與享樂都應該拋棄。自我犧牲確實感覺像是正確選擇。回報是具體的：讚美，稱許，按讚。

「想想我們省下多少錢！」我跟諾亞吹噓說。

「妳看起來不快樂，」他斷然地說。

快樂究竟是什麼？我想像渡河的女人被河水淹沒時，感到如釋重負。有時，淹死自己、屈服於水流、看著世界消退，有一種莫名的快感。

我媽的退休時間沒有用來打毛線或做園藝。她不去探望我的姪兒們或參加他們的生日派對。她不跟親戚們聚會。就我所知，她成天坐著看電視。

我拿起電話，但沒有撥號又把話筒放回去。電話已成為一種幻肢（phantom limb，譯註：幻肢是某些人失去四肢後所產生的一種幻覺，感覺失去的四肢仍舊存在），提醒著曾經存在的過去。每當我伸手去拿電話，便感到一陣痛楚。我想著，哦，對喔。

＊

她和我不再無話不說。當我們講話時，我發現自己膚淺地表演。我聽見她鬆了口氣。她不想要聽我的事實。她想要聽我活得很好的故事。

如果我問她問題，我必須做得像「希望號」突圍艦（Hope Blockade），一種自我保護的談話行為。這種方式是不去詢問她的計畫或提到未來，因為這樣太痛苦了。例如，若我提到假日，我便必須面對她不想來看我們的事實。如果我問她周末要做什麼，我便必須承認她對自己的子女及孫兒們漠不關心。

她聽起來心滿意足。我哥和我討論過這件事。

「我是說，假如她想把時間花在看電視，那也是她的選擇。」

「沒錯。」

「誰規定她必須和孫兒們一起烤餅乾？那是刻板印象。只要她開心就好了。」

「一點不錯。」

有時他是那個說服自己不要失望的人。有時是我。無論如何，我們異口同聲地附和，以掩飾我們的不安。

39

接下來的一年，我開始寄信給文學經紀人。我沒有跟任何人講這件事。我太不好意思了。然後，就在柔依兩歲生日之前，我收到紐約一位經紀人提議說要做我的代理。

生命中某些時刻會讓我們抬起頭來，重新評估。我和經紀人簽約的那一天便是那種時刻。它把我從整齊堆放的嬰兒食品罐頭和閃閃發亮的窗戶拉開。

我明白自己一直活在幻覺之中。我創造了一則童話故事，在其中，家必須完美無缺，母親必須任勞任怨，殉難是祝福的同義字。

簽下那紙合約令人害怕。公開追求我的夢想，意味著我將無處遁逃。我想到我曾經發誓絕對不把柔依當成擋箭牌，結果我還是這麼做了。那太輕鬆了，而且我值得這麼做。

追求夢想並不容易。我的經紀人把我的小說寄給出版商之後，便展開漫長而孤獨的等待。在陸續收到拒絕之後，沒有什麼開心的事可以發貼文。等到每一家大型出版商都回絕我的書，我崩潰了。

我不知道人生何去何從。我面試了一兩個我不想做的工作。我鬱悶地聽著朋友提出生涯忠告。我當然知道自己想要什麼。我想要我的夢想，只不過我的夢想不要我罷了。

我不敢打電話向母親尋求慰藉。閒晃了數周之後，我終於恢復寫我的小說。花更多時間在小說上頭，其實沒有什麼道理。我寫小說是因為這是唯一會讓我好受一些的事。

那段時間很痛苦，西雅圖的天空灰暗，諾亞越來越常出差，母親和我越來越少聊天。我最後把整本小說重新寫一遍。這讓我又花了一年的時間，在周末與周間夜晚擠出來的時間。

我的經紀人把新版本寄給出版商。在我等候回音、著魔似地查看電郵、每隔幾分鐘便重新瀏覽之際，我猜想一個人究竟可以承受多少拒絕。有一晚我失眠看著月亮，害怕自己已經跟現實脫節。

然後，就在柔依三歲生日前夕，在一個無聊乏味的周間，冷冽蕭瑟的一天，當時我已不再查看信箱，因為這麼做實在太痛苦了，我的經紀人打電話來說有人感興趣。「興趣？」我複誦著，大氣都不敢揣測。「好幾家出版商，」她開心地報告。我必須躺到地板上才能接受這個消息。

二〇一三年一月十一日。那一天我把小說賣給一家大型出版商。那一天我的夢想實現了。

「媽……當年妳到美國來……重新當住院醫生……妳是怎麼做到的？」

「啥？」

「妳有個六月大的嬰兒。妳有去日托嗎？」

「沒有，那個時候還沒有日托。」

我翻了白眼。當然有日托了，不過這就是她的風格。她為自己豎立起牆壁。「那妳是怎麼做的？」

「妳幹嘛問？」

「我的編輯要求我修改小說。我的第一個重要截稿日期就快到了。諾亞接下來兩個半月要出門去打官司。我找了日托，可是他們要排隊等候。保姆費用又太高了。我不知道如何是好。」

「嗯，至少妳的時間有彈性。妳不必隨時待命。」

「我知道，我知道。」我感受到熟悉的罪惡感。「只不過……我一直想著別人是如何辦到的。妳是怎麼做到的。」

「我不知道，」她說，一如以往。「我就是做到了。」

41

如果我媽做得到，我也可以。

這句話成為我之後兩個半月的座右銘。

現在，柔依已經大到可以上幼兒園，可是時間很短：早上九點到下午一點。時間不夠。我請一個人來照顧她幾小時。還是不夠。

我最後找到解決方案：徹夜不睡。我發現，熬夜是完美方法。家裡很安靜，柔依睡著了，沒有事情打擾，不必從洗碗機拿出碗盤或遛狗。我甚至不需要咖啡。我的小說就要出版了！單是腎上腺素便足以支撐我。

我一直工作到聽見柔依醒來。我給她做好準備，開車送她去幼兒園，從九點半睡到十二點半。之後的時間都是由我來照顧柔依，帶她上公園和圖書館，幫她弄晚飯，給她洗澡，送她上床。然後，我以植物人狀態看一兩個小時的難看電視，心想這跟人工昏迷療法一樣，可以讓我復原。等到十點鐘，我拿出筆電，又再熬一整夜。

有時我以為我會因為衰竭而昏倒，有時我去幼兒園接小孩時看起來像精神錯亂，有時我想戴隱形眼鏡，才發現眼睛裡已經有鏡片了。

在這段期間，我想到我媽，在異國做住院醫生還要洗尿布。她必然更加辛苦。她必然更少睡眠。我重申我的座右銘：如果我媽做得到，我也可以。

而且我做到了。

42

「諾亞出門的時候，妳後來是怎麼做的？」在我交稿之後，我媽問。「妳請了保姆？還是找到一間日托？」

「沒有，」我驕傲地說。我分享巧妙的夜間行程。

「什麼？」我媽嚇到了。「妳不能那樣做！」

「哦，」我輕笑著，「我能有什麼選擇？況且，這行得通。實際上，是妳啟發我這樣做的。」

「可是這樣不安全！妳都沒有睡覺！」

「算了吧，媽，妳在當住院醫生的時候一定也是徹夜不睡。」

「那是因為我必須要做！」

「我不是嗎？這是我的生涯。」

她不做聲。

「我以為妳會為我感到驕傲，」我茫然地說。「我是在做妳做的事。」

「啊！」她的聲音很痛苦。「我從沒有想到……我從未想像……我真是丟臉。」

「媽，妳為何要那麼說？」

「我應該來，」她喃喃自語。「我應該去的。」

我不曉得她到底在說什麼。在我想要自殺時，她不來。如今我獨自一人做好了所有事情，她卻悔恨。這必然是錯置的愧疚。

「聽著，媽，我很好。講真的！我是說，確實，這並不容易，但我做到了。妳向來說的都是對的。我不知道我是如何做到的。我就是做到了。」

我以為她會笑。結果沒有。

「這不像以前，」我向她保證。「當我憂鬱的時候。我現在沒事。我很好！」

當我們掛斷電話時，她聽起來像在發抖。

她的愧疚讓我覺得莫名其妙。

43

諾亞出差十周之後，他在家裡待個幾天便又要出門。我們外出用餐想要聯絡情感。

我告訴他，我的朋友香儂帶了一瓶香檳來慶祝我簽約出書。「等等，」他說，「誰是香儂？」他告訴我，他在德州找的一名證人。

「你去了德州？」我問。「什麼時候？」我們彼此對望，對於無法溝通感到困擾。

「我想要換工作，」他最後說。「出差……實在太頻繁了。我錯過柔依各個重要發展。我討厭不在家。我看了東岸的一些職缺，但沒有合適的。」

我們兩人都懷念紐約。西雅圖從來沒有家的感覺。

「我不希望你去應徵不喜歡的工作，」我說。

「那我們要怎麼辦？」

我不知道如何回答，所以我遵守安撫的基本模式：老掉牙的謊言接著另一個謊言。「或許你的出差會減少，我們會想出辦法，或許我們會愛上西雅圖。」

他笑了。這是我們的老笑話。

西雅圖是熟了才會喜歡的地方。四年了，我們仍在等待跟她變熟。

44

「你們這個假期要做什麼？」

「媽，我們要去看妳，記得嗎？」

「喔！太棒了！」

現在是十月，柔依是個活潑的幼兒，喜愛科學與數學，抗拒我鼓勵她追求藝術。「我偏—愛非小說，」她在圖書館用稚嫩的艾默小獵人（Elmer Fudd，譯註：華納經典卡通兔寶寶的死對頭。）聲音跟我說。她讓人驚喜連連。

然而，我媽一如預期地讓我生氣。以前在照顧女兒的初期，我曾向她尋求慰藉，如今則是在每回跟我媽的艱難談話之後，女兒帶給我安慰。

我提醒我媽我們要過去的日期。我叫她把日期寫下來。我們講話時，她總是不專心。我時常聽到電話裡傳來電視的聲音。

我問她晚飯吃了些什麼，這是我利用「希望號」突圍艦設計出來的安全問題。如果我問她最近過得如何，她用乏味的聲音說：「沒事，」我就會不高興。至少食物的話題很中立。

她跟我講她挑選的外賣。她從來不喜歡叫外賣，即便是在她養兩個小孩與應付辛苦職涯的時候。我聽她描述一家中國餐館的茄子與黑豆料理，店家跟她很熟。

「所以，告訴我吧，」她說，「你們這個假期要做什麼？」

我愣住了。

「哈囉？」她說。

「媽——媽，」我口急地說。「媽。我們要去看妳。」

「喔！太棒了！什麼時候？」

我發抖著再把日期說了一遍。我等著她說：「喔，是啊，我們剛才講過了。」我等著她說：「我真傻！我沒在注意——我開著電視，妳知道的。」但她什麼都沒說。

我打電話給哥哥。「你最近有沒有注意到媽的任何問題？她的記憶力？」

「對啊，事實上，我一直想提這件事。」

他講了類似的事情，並且試圖輕描淡寫（「我是說，或許沒事，對吧？」），此時我看到我媽試著跟我說的事。我看著鄰居家西洋杉的那個下午，她就說了。之後，她一直在說。

她需要協助。

這些日子以來，我以為我是那個快要溺死的人。我從沒想到她才是。

她想要聽我的假故事。在不明瞭之下，我也想要聽她的假故事。我們互相躲藏。我們彼此都想要認為對方沒事。

那個星期，諾亞跟我說起紐約的一個職缺。他說，那份工作聽起來正適合。我從來不是那種解讀事件、談論「宇宙」或「徵兆」、把自己當成核心人物的人，可是，那份工作出現的時間點就像命中註定。

他飛去紐約面試。即便他說其他應徵者也很優秀、我不要抱太高期望之類的話，我知道他會被錄取。

這是我的故事轉折點，回到我母親身邊。我不知道我們的關係將變得如何，但我堅定地相信這是該做的事。

我們出售房子。

三天就賣掉。

就這樣，我們要回家了。

第二部

1

回到東岸的好處之一是柔依可以看到她親愛的表兄妹，我們時常在周末去我哥哥家。我們在白原（White Plains）租了一套附家具的公寓，就在紐約市近郊，雖然租來的房子基本上像是空殼，暖氣時有時無，往往無法達成抵禦冬季酷寒低溫的作用，但是我們的情況仍大有改善。柔依現在和其他少數族裔的小孩一起上幼稚園。我想要的時候便可以去看我的家人。我開始放鬆下來。人行道上的雪泥，堵車的喇叭聲，以及我要進城和編輯碰面時搭乘擁擠的地鐵：這些都會讓我微笑，因為它們屬於我，而且我懷念它們。去我哥哥家做客，更令我開心，直到我打電話給母親。

「妳為什麼不過來呢？」

「呃，我累了。」

「妳要我們去接妳過來嗎？」

「不要，」她回答，便掛斷電話。

我哥和我不知所措：如何解釋她的健忘（不常發生），我們應該憂慮嗎（我們不確定怎麼回答這個問題），或者我們應該尊重她想要一個人待著。

有時我們去她家接她過來，儘管不樂意，她還是很開心。其他時候，她和我們在一起時只是在沙發上打瞌睡。偶爾她會生氣，宣稱我們試圖控制她。這種情況極少出現，很容易便可說成是她心情不好。況且，她說對了。我們的確想要控制她。

我們開始會說：「好啦，媽，這對妳有好處，」以及「妳上次出門是什麼時候？」聽起來像是她的監護人。

對於邀她過來，我們開始再三考慮。我們跟自己說不要把她模稜兩可的態度看得太嚴重，但是她難道不想跟我們共渡時光嗎？即使她來了，也沒有很熱烈的樣子。這令人不爽。沒有我們的話，她算是誰呢？她總是以子女為重心，如今換成我們以她為重心。在我們試圖評估她的需求時，最困難的部分是我們的角色不確定。我們不再有舊腳本可以依循。

她的情緒起伏波動，我稱之為「媽媽輪盤」。輪盤上的小球通常落在安全地帶（疲倦的媽媽，好像愉快的媽媽），可是偶爾會落在偏執的媽媽或罵人的媽媽。這些情況雖然很少見，仍然讓人不安。

這是初期阿茲海默症嗎？我哥和我討論過。但這超出我們能力所及，就像小孩討論大人的事情，對於談及我們不懂的事情既興奮又害怕。

阿茲海默症令我想到腳步蹣跚的老嫗，穿著粉紅浴袍在街上亂逛，需要扶著她的手肘帶她回家。這些都跟我媽不符合。她打掃、做飯、開車、自己處理財務，在大多時候，都跟以往一樣精明能幹。在她身上使用阿茲海默症這個字眼，像是在詐騙。人年紀大了，總難免忘東忘西及脾氣暴躁。

「我是說，就算是阿茲海默症，」我哥說，「接下來怎麼做？養老院？找個看護？她都還不到那種地步。」

我也同意。「如果發生什麼不好的事情，我們就會確定了。像是忘記關爐火或者走失了。總會有警訊的。」

為了預防，我們把她的帳單設定為自動繳納。「以防萬一，」我哥向她解釋。「如此一來便不會忘記開支票繳帳單。」

以防萬一。她的一生都是環繞著這四個字。為她設想未來實在是很奇怪的事。

2

我們很高興回到紐約，可是生活感覺莫名地停滯。我們的公寓是暫時的。我的小說六個月內會出版。我不知道如何處理我媽的症狀，假如可以稱之為症狀的話。我等著看每件事底定下來，包括我自己。

朋友們問起我們打算住在哪裡，我老實地說我不清楚。當他們問起我媽，我坦白說我不知道該怎麼想——雖然沒有發生不幸事件，她已不再是她。以前我嚮往發號施令，如今事到臨頭，我才發現自己沒那麼在意。

下一步顯然是要帶我媽去看醫生，可是我哥和我一直拖延。我們不知道如何掌控局面。就醫學方面，她堅持自己是最懂的人。

我媽不是那種江湖郎中式的精神科醫生。她擁有精神病學、老人醫學和藥理學三項專科證照，是腦部老化的專家。建議她去看醫生，就像是叫木工達人去逛宜家家居（IKEA）一樣。

我們最後說服她去看醫生，是因為我們跟她說體重減輕太多了，長褲褲頭在腰部摺了好幾摺。

「我想我應該檢查甲狀腺功能，」她讓步說。

我哥帶她去看一位內科醫生，她首先問她幾個平常的問題。

我媽輕蔑地哼了一聲。「妳是想要評估我的認知功能嗎？我幫妳節省麻煩。我得了早發性失智症。」

我哥嚇呆了。「媽，妳要是知道的話，為什麼都沒有說？」

「要說什麼？失智症就是失智症。你外婆在印度也得了。我們無能為力。從那時到現在，這種病都沒什麼改變。」

那名女醫生提起藥物治療。我媽打斷她的話，連珠炮似說出每種藥的不足之處與副作用。「藥物治療沒有什麼價值。失智症無藥可治。這點我比誰都清楚。」

「那妳減輕體重要怎麼辦？」我哥插嘴說。「我擔心妳忘記吃飯。」

「我不是忘記。我是懶得吃！只有一個人很難煮飯。我會努力一點。」

「我們六個月後再一次檢查妳的體重，」那位醫師終於讓步。「萬一體重沒有回升——」

「會的！妳等著看！我會胖嘟嘟的！」我媽笑著拎起皮包，帶頭走出去。

3

為了慶祝母親節，諾亞、柔依和我開車到康乃狄克州接我媽上館子吃飯。她看到我們並沒有很開心的樣子。「我不想出門，」她發牢騷。「我們不要在柔依面前吵架，」我哄著她。她嘟嘟囔囔的把鞋子穿上。餐館有民宿的氣氛：寬木頭地板，復古錫製天花板，每張桌子上都有蠟燭。「喔喔，」柔依讚嘆著。我媽不予回應。那天晚上的輪盤轉到怏怏不樂的媽媽，她瞪著那位讀出當日特餐的侍者。

我點了杯馬丁尼。我通常不會在我媽面前喝酒，但是今晚我需要來一杯。我受不了看到她這麼退縮。

「外婆，」柔依大聲宣佈，「我有好多好棒的事要跟妳說。」

如果說我媽的情緒像是賭局，我女兒的情緒則是十拿九穩。她是我見過最活潑的小孩，充滿活力，朝氣十足，著迷於她外婆最愛的學科：科學。「妳知道嗎，外婆，電鰻可以產生足夠點亮十個燈泡的電力！」

外婆不回答。

「哇，」我迅速接話，「我不知道耶！真是神奇！」我媽怎麼可以不理會自己的孫子？為什麼跟她吃一頓飯這麼累人？她沒有問我即將展開的巡迴簽書會，沒有問諾亞他的工作。我回想起跟我爸吃飯。

和我媽吃晚飯不應該是這種感覺。這應該是一個美好的夜晚。餐點很美味。柔依很可愛。她不斷舉起她的小杯果汁和我們乾杯。這有點像是吃飯時同一張餐桌上出了太陽又籠罩烏雲，一個人燦爛耀眼，另一人卻陰沉抑鬱。

我點了第二杯馬丁尼。

諾亞擔心地看了我一眼。我從來沒有喝上兩杯馬丁尼。

不過，我媽則是大吃特吃。她掃光了我們的開胃菜，她自己的前菜，和大家的甜點。這是我們帶她出門的理由。

我們希望她好好吃一頓。可是，每當她搖搖晃晃的叉子舉向前，因為手抖而在空中顫抖不已，我就生氣。她對提拉米蘇的興趣勝過她對柔依的興趣。

她對餐點不予置評，也沒有謝謝我們請她吃飯。她幾乎不講話。

我們送她回家後，我鬆懈地吐了口氣。在副駕駛座上，我降下車窗，呼吸沁涼的夜晚空氣。我很高興擺脫了她，但因為這種感受而有罪惡感。

我由後照鏡看向柔依。我不希望她看到我不開心。「我想我們應該開一場舞會，」我宣佈說。我放了碧昂絲（Beyoncé）和王子（Prince）的歌曲。我們唱著歌詞，在座位上舞動，沒多久我便笑了，不是因為女兒之故，而是因為我自己。

4

在租來的公寓住了七個月之後，我們買下一棟房子。一棟一九二〇年代殖民時期風格的房子，需要裝修及重鋪屋頂，一點也不符合我們想要的條件，但位於我們喜愛的小鎮。

那是休士頓一個靜謐的小鎮，具有另一個時代的典雅風格與緩慢步調。主要街道的名稱就叫「大街」。鎮尾的河是一條令人著迷的灰藍色帶子。

我從未住過這種地方。居民們全都彼此認識。我學著不要在咖啡店排隊時跺腳，因為排在我前面的人必然是我的鄰居之一。

「我想要看這個地方！」我媽宣稱。「我什麼時候可以去？」

「哦，」我訝異地說。她最近不再開車了。沒發生什麼事，沒有她迷路或是忘記車停在哪裡的事故。她就是決定該停止開車了。她用典型的隱晦風格做出這項決定，發表結果，而不說明原因，儘管這項決定具有重大影響。如今她不再開車，幫她採買食物的工作便落到我哥身上。

「我最近可以找一天去接妳，」我提議說。那陣子很忙。我四處旅行參加新書發表會，柔依則有幼稚園畢業典禮，還不說搬家公司送來的數十個紙箱，迫切需要我拆封。

「來接我？那實在太麻煩妳了！一定有火車的。妳知道嗎？有列車吧？」

「嗯，有，但我想那太……」

「有什麼好擔心的？」她的聲音俏皮活潑。「我們可以在我襯衫上別一張紙條，車掌便知道要協助我了。」

我不禁笑了。她不像是會承認她需要協助的人。媽媽輪盤今天轉到了開心的媽媽。我歡迎這項改變。

「幫我查一下，」她接著說。「我想要去看妳的房子！」

一如往常，我聽從她的指揮。我找到一條保證不失敗的路線。我哥和我討論安排事項，好像我們在照料一個小孩子。

隨著日子接近，她聽起來很憂慮。「我需要記住站名嗎？我需要轉車嗎？」

「都不用，」我跟她保證。我哥會送她上車。我會接她下車。「妳只需要坐到最後一站就好了。」

她要來的前一晚，我煮了甜馬鈴薯椰奶蔬菜咖哩，又香又暖和。柔依做了一個「歡迎」的標語牌，掛在壁爐架上。

黎明時分，我被電話吵醒。「我整晚都沒睡覺，」她焦慮地說。「搭火車！在我這個年紀！我會迷路。可能有人搶劫！妳不能指望我做到這種事。我不明白妳怎麼會想出這種事。」

以前的話，我會抗議。我會說那都是她的主意，說她不可能迷路，說沒有什麼好擔心的。現在，我比較能理會了。

「沒關係，媽。我了解。」

在我話還沒講完前，她就開始辯解。「妳——妳了解？」

「妳不必做任何讓妳感到壓力的事。」

她沉默了好一會。「謝謝妳的體諒，瑪育迪。我以為妳會失望。」

不過，我確實失望。我當然會失望。

我把我的沮喪發洩在一堆紙箱上。我大聲地拆箱，用力扯開膠帶。「我等不及要讓這個地方變得更像家，」我低語著。

「這裡本來就像家，媽咪，」柔依說。

是嗎？我還沒有找到她的動物玩偶，隱藏在標示為雜物的眾多箱子之中。房間空盪盪，每樣東西都亂七八糟。

當然，讓我心煩的事跟拆箱根本無關。我不曉得自己原來這麼期待我媽來訪，直到她取消為止。我應該不再對她有任何期待。我應該不再抱有希望。但是，我卻在自己的小孩旁邊耍幼稚，她晚餐吃了一大盤咖哩飯，覺得很可口。我在她的那一盤加入優格與糖，不過我還是猜想她是不是想要讓我開心，她是不是在幼稚園年紀便已負起這種責任。

「妳為什麼這麼想？」我好奇地問。「家對妳來說是什麼？」

柔依想了好一會兒這個問題。然後她說：「家是所有地方都關門時，你去到的地方。像是班傑利冰淇淋店關門時，公園關門時，圖書館關門時，你就回家。家是永遠開放的地方。」

這真是可愛的定義，比我所能想到更為美妙。我忽然明白，當我媽的行為開始改變，我們不再時常用電話聊天，我轉而做了很多家事。我告訴自己這是為了柔依而做，其實不是那樣。我想要填補我生活裡的一個空洞。

我媽是世上唯一讓我有家的感覺的人。當全世界感覺都關閉了，她是永遠在我身邊的人。她拒絕到西雅圖看我時，我失去了我的魔法門。在那之後，我便一直在找尋歸屬感。

後來我媽終於看到我們的房子，因為我開車去康乃狄克州接她。「這裡太好了，」她評論說，「不過，下次我要搭火車。一定有火車的。妳知道嗎？有列車吧？幫我查一下。」

5

「妳出名了！」

「媽，我並不出名。」

「妳出了暢銷書！」

我的書並不暢銷，可是我沒有打斷她興高采烈地談論我的小說。

我在出書前的一大憂慮是她不會記得，這種想法可怕到我想都不敢想。如果你有了一項成就，可是媽媽並不知道，那麼你真的有這項成就嗎？

我哥帶她去參加了一次我的簽書會。她沒有忘記，反而有著鮮明的錯誤記憶。「我看到妳在台上。數百人在場！」任何一天，她都能瞎掰。「歐普拉喜歡妳的書！」「它在亞馬遜是排行榜第一！」再怎麼糾正她都說不通。對她來說，我是一位名人。這應該很感人，我卻覺得怪誕而悲哀，她的記憶充滿著扭曲。「妳出名了！」她興奮地說。我苦笑著，換個話題。

生活的必要環節是偶爾擺脫它。書本、電影、美食、性愛：這些不僅提供娛樂，也是逃生出口。我們稱最理想的看電視體驗為「耍廢」（vegging out）。我們讓自己陷入「食物昏迷」（food comas）。諧星讓我們笑「死」了。法語稱性高潮為「小死亡」（la petite mort）。我時常思索大家把死掛在嘴邊，倒不是說我們想死，我們只想要生活停止——短暫地。這是羅伯・佛洛斯特（Robert Frost）形容爬白樺樹所要說的意思：想要「暫時脫離俗世／然後回歸，重新來過。」目睹母親的衰退，我更加渴求那種感覺。

小說向來是我選擇的逃避方式，它們提供至高無上的放逐。一個好的交易商了解自己的商品，但亦將之視為商品。「我需要一個新嗜好，」我跟人們說。我會永遠不停地閱讀，但它已不再是釋放。這是我的工作。朋友建議編織、網路廣播、園藝——各式各樣的活動，但無一適合。我需要更為強烈的。我需要遺忘。

有個星期天，我正在看美式足球，電視上播了「Play 60」的廣告，鼓勵小朋友多運動。我的視線掃向柔依，她正在低頭看書。她當然是了。後天與先天的雙重影響使然，我漂亮、戴眼鏡的女兒還不到十歲的幼齡便已彎腰駝背。

我的視線回到電視。小朋友跑過一片綠色田野。我女兒上次玩耍一小時是在什麼時候，不是在學校或夏令營，而是自由自在地玩耍？如果有人遞給我一份問卷，我會在「我重視體適能」的那欄打勾，可是我有以身作則嗎？我的嗜好一直是久坐不動的：閱讀，寫作，烹飪。

我回想我最後保持體格的時候：我結婚那天。我不只苗條，身材也很好。我做伏地挺身。我做斜坡衝刺。當下，我生氣的是為什麼我在訂婚時才健身。我不理解為何塞進禮服讓我更有動機，勝過照顧自己的合理目標。我怎麼可以有那種想法，卻置之不理呢？

我決定加入一家健身房，不是隨便一家，而是很高級的。我不希望健身變成一種懲罰。我吞下對於費用的內疚，想要雇一名教練。「我想找個資深的人，」我說。「不是二十歲的人。」

健身房經理笑一笑。「我想我正好有這種人選。」

我就是這樣認識路易士，橄欖色膚色，黑色小鬍子，看上去四十幾歲。「妳想要達成什麼？」他問。

我想起來自己在路上預演過的對話。「我想要健身，」我回答，「但不是為了減重或體格。我想要，嗯，一種健身的正面關係。」

我不知道會得到何種反應——懷疑？恥笑？——可是路易士點點頭。「妳有什麼是一直以來想要做的嗎？妳希望達成的目標？」

當下，我就知道答案，但我不想大聲說出來。我不安地移動腳步。他等候著。

「嗯……我一直想要做引體向上（pull-up）。我是說，我知道女性很難做到，我可能做不到——」

「我們會讓妳做到的。」

「好幾個？」我笑著說。

「好幾個，」他肯定地說。他指向健身房中央的引體向上橫槓。「我們會讓妳抓到那根橫槓，做好幾組動作。一個又一個的引體向上。」

我懷疑地看著他。他聽起來很誠懇。他看起來像是不輕易承諾的那種人。

「為什麼不行呢？」他接著說，好像看透我的想法。「不要花時間懷疑，而是花時間去做。」這成為我收藏的格言之一：路易士格言，我馬上就想到這個用語。

我們走向引體向上的助手。裝置越高，你得到的協助也越多。我們走近時，那位身材很棒的男士由機器上跳下來，把級數調到五。讓我吃驚的是，路易士把它調到十二。我踩上平台時，眉頭深鎖。

「啊，我們都會受到數字的激勵。妳知道我多大年紀嗎？」

我聳聳肩。「四十？」

他笑一笑。「我六十歲了。」

「什麼？」這時候你用一根羽毛就可以把我擊倒。那個男人有著雕像般的身材。他不可能只比我媽小幾歲而已。

「我做阿公了，」他歪頭苦笑了一下。「六十只是個數字，我們不會讓數字擊倒我們。」

呃。我做十二下跟他六十歲有什麼關係？我爬上去，設法做了五下。我停下時，以為他會對我吼叫，但他說：「很好！我看到妳很努力做了最後那一次。了不起。」

路易士不是那種碎碎唸的人，我很欣賞。他重視我的身形，不過我覺得他溫柔地修正我的技巧的同時（「深蹲時膝蓋在腳趾頭上方」），還在做其他事。他在掃描我。

「妳想要在第一次嘗試時就把事情做對，」他觀察說。「妳必須記住健身是一項進程。」

他指向地板上最嚇人的裝置，一個放著槓鈴的白色架子。

「那是深蹲架。架上的槓鈴有二十公斤。我們不久就會讓妳做槓鈴深蹲。」

「你深蹲時舉了多少重量？」我好奇地問。

「二百九十公斤。」

我喝水時嗆到了。

「時間，」他說。「力量是努力與時間的成果。」

「可是，我背痛的問題——」

我已經跟他說過我的醫療史：椎間盤突出和坐骨神經痛。

「妳知道妳背痛的原因嗎？」

「呃，我的背部無力？」

他搖搖頭。「妳的下背很強壯。妳是過度代償。」他打量我。「我們不能叫任何一個部位做太多事。太強壯也可能是一種弱點，妳知道的。」

我眨眨眼。我們是在討論身體吧？或者這又是一句路易士格言。我張嘴想要說話，但路易士已走向下一項運動了。

7

母親去看內科醫師數個月後，情況似乎穩定下來。她保證說她有好好吃飯。她的症狀沒有惡化，就我哥和我所能判斷來看。

我內心中因為了解她的狀況而暗自感到釋懷。我終於明白她不能來西雅圖看我的原因。或許我已無法再像以往那樣依賴她，可是仍有可能維持母女關係。

在阿茲海默症的網站，我看到患者喜歡被問到以前的事。讓我訝異的是，我媽也是這樣。她總是守口如瓶，可是失智症可能放鬆抑制力，就認知而言好比喝上一杯紅酒。

「我一直想到妳剛來美國的時候，」有一天我在跟她講電話時聊到。「日子一定很辛苦。」

「對啊，」她如夢似幻地回憶。「在醫院值班之間，我會在休息室小睡。當住院醫生時，你學會站著睡覺！如果我有時間，我會跑回家，狼吞虎嚥吃下我媽準備的午餐。她叫我不要吃那麼急，可是我沒有時間坐下來。」

「妳媽？」我重複了一遍。「等一下，妳是說妳在唸醫學院的時候。」

「不是，那是在我當住院醫生的時候。」

「可是妳……妳是在美國這兒做住院醫生的。」

「嗯，妳知道的，我父母來了一陣子。反正——」

「等一下。」我滿腹狐疑。外婆怎麼可能在美國這兒為她準備午餐？「妳說妳的父母來了一陣子，那是什麼意思？」我懷疑地問。

「我開始當住院醫生時，我的父母過來幫我。」

「多久？」

「一年。」

「一年？媽，妳從來沒講過這件事。」

「喔，不然我怎麼應付得過來。妳哥還是嬰兒。」

「對，我知道這部分。妳沒……妳從來沒講過……」我沮喪地搖頭。「那是原先計畫好的嗎，他們過來幫妳？」

「不是。」她嘆口氣。「妳必須了解，我抵達這個國家時，情況很艱苦。我一個字都聽不懂人們在說些什麼。我從來不曾煮過飯，甚至沒給自己泡過一杯茶，我習慣了僕人——」

「媽，這些妳都有跟我說過。」

「有一天下午，我打電話跟父母哭訴。那時是孟買的半夜。我說我自己應付不來，我實在受不了了。他們提議要搭飛機過來。」

一通絕望的電話。感覺無法承受，孤單無助。想要——需要——援助。我說不出話來。

「他們拋下一切，」她接著說，無視於我驚訝到啞口無言。「妳爸和我當時住在皇后區一個小公寓。擠不下那麼多人。不過，我的父母依然和我住在一起。整整一年，他們照顧你哥，打理一切。」

我內心深處想要吶喊，她得到我不曾得到的。然而我又想趁著她坦白時知道真相。我清清喉嚨。「接下來呢？我是說，妳當住院醫生不只一年。」

「他們把妳哥帶回印度。」

「多久？」

她小小聲回答，「直到他五歲。」

「什麼？媽，那不可能是真的。」

「妳是什麼意思？當然是真的。」

「瑪尼什沒有在印度住過。」

「他確實住過。」

我把手插進頭髮裡。「讓我把事情搞清楚。妳在瑪尼什六個月大的時候來到美國。妳的父母沒多久便過來幫忙。他們在這裡待了一年。然後他們把他帶回印度，直到他五歲？」

「沒錯。」

「所以妳只有自己應付了大約一兩個月？」

她弱弱地嗯了一聲表示同意。

「妳為什麼不跟我說？我在西雅圖的時候，妳知道我很痛苦。」

「我不覺得那很重要。那有什麼意義？」

「妳不覺得那很重要？」我的聲音高到好像要衝破腦門。「我問過妳！我明確問過妳是怎麼辦到的！而妳說：『我不知道。我就是辦到了。』妳是這麼說的！妳從來沒講過：『有人幫我，我就是那樣辦到的。』或者說：『因為我沒有實際帶小孩——』」

「我有打電話！」她激動地打斷我的話。

「至少一個月一通。我有打電話！妳知道早年的越洋電話有多麼貴嗎？」

我笑了。我控制不住。我甚至不想掩飾聲音裡的嘲諷。

「那就是妳為自己當媽媽所提出的辯護？一個月一通電話？」

「我別無選擇！妳必須了解！」

「妳當然有選擇！妳可以暫停妳的生涯。妳可以延後當住院醫生。」

「不，不，當時這些選項都不可能。」

我哼了一聲。「媽，因為妳根本不予考慮，並不代表這些選項不存在。」我在房間裡踱步，像個交叉質問時的律師。「妳一直說那是妳人生中最艱苦的時期……」

「是的。」

「當妳打電話給妳的父母，他們過來幫忙。但是在我打電話給妳的時候，妳卻拒絕了。妳不只不想幫我，妳還捏造出妳包辦了一切的故事。在我痛苦時我打電話給妳，在我因為無法自己一人應付而感到愧疚的時候——」

「夠了。我盡了自己最大的努力。我很遺憾那對妳而言並不足夠。」

「拜託。」我一點也不想聽她的殉難。一次也好，我想要她為自己的行為負責。「妳對我隱瞞了這件事。」

「我沒有做這種事。我從來沒想到要跟妳說。」

「妳是真的這麼看待這件事？還是這個版本會讓妳比較好過？」

「我當醫師的唯一理由是為了我的小孩。我所做的每件事都是為了我的子女！」「老天啊，媽。妳知道，我或許是作家，」我說，因為我永遠無法抗拒最後撂下狠話，「但妳才是寫故事的高手。」

8

如今我明白真相了，我該怎麼辦呢？

我應該為做到她沒做到的事而開心嗎？

並沒有。

我後悔質疑自己為人母的能力。我對於自己這麼輕易受騙感到愚蠢。不過，最主要的，我感到憤怒。

我回想起當時我需要凱倫、心理醫生和諾亞替我感到忿忿不平，他們的憤慨搧動我剛萌生的怒火。這回，我自己便可看出我媽的欺瞞。現在，我自己氣憤不已。

我媽和我站在同一條河裡。她沒有告訴我，救生艇過去救她了。甚至在我問她是如何游泳渡河時，她還故意略而不談。精疲力竭的我，還責怪自己沒有更加強壯。

這便是神話的後遺症。它們設定一個不可能的標準。它們基於一個相同的理由既誘人且危險：它們拒絕揭露細節。然而，那些神話嫌麻煩的細節，卻是真實生活發生之處。細節訴說真實的故事，神話則是它祈求的故事。

9

後來和我哥講話時，我問他這件事。「我想要問你一個奇怪的問題，」我遲疑地說。「你，呃，知道你自己在印度住到五歲？」

他笑出來。「我當然知道。妳幹嘛問？」

我解釋說媽坦承了一切。「這整件事讓我很震驚，我以為你或許不知情。你總是說你不記得童年。」

「不是說我一點都記不得，而是很模糊。不過，嗯，因為那樣我才會跟外公、外婆很親密。」

「所以，那些年的暑假你都去探望他們……」我沒把話講完。「我以為爸媽比較疼你，所以你才會自己一個人飛去印度。」

「我從來沒有這種想法。我覺得妳在美國出生很幸運。」

他當然說對了。我是幸運兒。我從來不必應付公民身分測驗或是歸化的繁瑣程序。我就是個美國人。

「你來到美國時，一定非常辛苦，」我回想。「那是，嗯，讀幼稚園前？」

「對，可是妳知道小孩的。你會適應情況。我記得站在機場，有人指給我看爸爸和媽媽。我有一種奇怪的想法，『啊，他們是我的父母。我聽說過他們。』」

我搖搖頭。我無法想像。「你會說美語嗎？」

「我不確定。我不記得有上過特別課程或什麼的。」

我哥講話時是純正美國腔。沒有人會猜想到他在印度長大。想到這裡，我笑了。連我也不知道呢。

「你有因為這樣而不滿意媽媽嗎？」我停頓了一下。「她就這樣把你送走？」

「完全沒有。她一定是很辛苦。況且，我沒有任何怨言。我很喜歡印度。」

我無法分辨他是豁達地看待自己的處境，抑或真心如此認為。

成長時，我知道過去是禁區，我哥似乎也是這麼認為。我們家對這個話題避而不談。我不明白這項不成文規定是如何形成的。每次我去諾亞家的時候，都會對他們懷舊、開玩笑和回想而感到訝異。我們家從不曾這麼做。即便是偶爾的歡樂記憶也被鎖在我們的功能失調之中。

得知我哥的童年點燃一絲火花，像擦亮一根火柴一樣。我不僅知道了我媽，也知道自己被隱瞞了多久。

10

在這之前，我一直認為我媽代表著母性智慧的最高峰。我把她的選擇視為無條件的愛與精神科專業的神祕組合。她是位聰明的母親，知道自己在做什麼。她一定是。

我渴望有人來負責我。我爸是明顯差勁的父母，我需要我媽來彌補他的不足。她不離開他，那又怎樣呢？她必然懂得我不懂的事。在我企圖輕生之後，她沒有為我尋求協助，那又怎樣呢？或許她不希望讓我留下記錄，我設想理由來為她辯護。我在腦中創作故事來解釋為什麼她的行動符合我的最佳利益。

現在我明白那位心理醫生在我們諮商時企圖告訴我的事。即便我必須扭曲邏輯，我也要給我媽功勞。我太想要有一個神話般的母親，於是我杜撰了一個。

了解這件事，就像眼罩被扯掉一樣。我看見自己以前不願承認的事。一直以來都是我，我才是照顧自己的人。我是從父親手中拯救自己的人。我給了自己需要的東西。

她坐在鋼琴凳上毫無反應，她對於我打算去讀寄宿學校的處理方式，還有我哀求她來西雅圖時，她拒絕讓步——我做了選擇，把她看成是在鼓勵我自立自強。

如果有一天我回家發現柔依陷入驚恐之中，我會怎樣做？我絕不會視若無睹。我絕不會帶她出門去吃冰淇淋，而不是跟她好好談談。假如她是憂鬱症，我絕不會任她在大學宿舍裡凋萎。我會竭盡所能去幫助她，我會做沒有人替我做的事。

我把母親拒絕來西雅圖看我想成是一個偏誤，原本光輝無瑕的母愛歷史裡的一個怪異雜音。我渴望相信她始終在我身邊，做我的安全網，可是我錯了。在我處於產後憂鬱的深淵時，她不肯來看我，不過是對她最好、最便利的眾多選擇之中的另一例。

獲知她得了失智症，我心中有一部分感到舒緩。我不願意面對現實的那一部分。阿茲海默症不是她不來看我的原因，而是消除了她為自己掩飾的能力。換做是以前，她會讓自己的選擇更具說服力。她會講出更好的故事。

「我所做的每件事都是為了我的孩子。」她這麼說，是因為她想要相信這句話。我也想要相信這句話。

11

在我思索我所獲悉的事情時，我難以理解她決定把我哥哥送去印度那麼多年。我要如何在她的選擇與我所祈求看到的她之間取得協調？

在我成長的過程中，我家時常與親戚聚會。其中一家子尤其突出。那家的女主人是位卓然有成的物理學家，他們移民到美國以後，她便放棄了自己的生涯。那家的男主人是位外科醫生。總得有人照顧小孩才行。「她有沒有骨氣啊？」我曾經問我媽說。「她一定很無聊，整天待在家裡，煮飯打掃。」我媽叫我閉嘴，不要講這種事情。我不知道有朝一日我也會面對相同的命運，頂著博士學歷切胡蘿蔔、換尿片。

我們不能評判那個渡河的女人。

這也是她說的。她說這句話時嘆了一口氣，或許是因為她明白受到評判，以及希望不要受到評判卻徒勞無功的感受。我希望河中的婦人選擇她自己，然而我卻批評我媽這麼做。看起來那名渡河的婦人沒有正確的選擇。選擇她自己的話，她會面臨評判。犧牲她自己的話，她也會面臨評判。這才是那個故事的真正寓意：女人無論如何選擇，都會受到批評。難怪我媽對我隱藏實情。

我從沒有想到……我從未想像……我真是丟臉。我回想起，她聽到我徹夜不睡時的痛苦。當時她的話像是莫名其妙。現在我懂了。

她拒絕去考慮她絕口不提過去所可能造成的後果。她逃避撫養小孩的話題，因為她不願坦白說她把我哥送回印度。她不願沉溺於痛苦的決定。我只想要前進，我曾跟心理醫生這麼說。我媽也是這麼想。我們都想藉由否認過去來前進。

她不肯放棄我們兩人共同建構的故事。她想要成為為了子女而犧牲自己的女人。她和我在這種想望之中團結一致。

在她知道我整夜不睡之後，她的沉默所造成的後果打擊了她。她以為我會得到我需要的協助，就像她以前那樣。她從未想像到，由於她不提自己曾經得到協助，竟會害我因為需要協助而產生罪惡感。她不明白，省略掉她的辛苦，竟會讓我質疑自己的辛苦是否合理。她不知道，母親的故事會影響到女兒的選擇。

羞愧讓她對於那段時間難以啟齒。羞愧造成沉默。這才是它真正的勝利，不是我們所揹負的罪惡感，而是我們隻字不提便讓這件事過去。

12

當我們最需要人生暫停的時候，人生卻還是繼續，這既是一項祝福，也是一項詛咒。無論我對母親有何感受，她還是需要人照顧。雖然她拍胸脯保證她會增重，但在回診時，她的體重仍然下降。她瘦到只剩四五．四公斤。

就算是她，也無法爭論體重的數值。她不情願地同意服用愛憶欣（Aricept），這種阿茲海默症藥物據稱有助於改善記憶減退。我哥買了一個專為阿茲海默症病人設計的鬧鐘藥盒。那個藥盒號稱是萬無一失。

他和我雙頭並進。他幫她叫更多外賣，繞路去買她喜歡吃的東西：布蘭福一家好吃印度餐館的鷹嘴豆瑪沙拉，麥迪遜一家義大利餐廳的義大利麵。我燒菜，裝滿她的冰箱。我用大大的字體標明每一樣東西，好讓她不會搞不清楚那是什麼東西及保存日期。

我在吃飯時間打電話給她。「妳吃過午飯了嗎？妳的冰箱裡有我做的黑豆漢堡。」「喔，是的，」她說。「很美味！」有時她接起電話，聲音聽起來昏昏沉沉。我哥說他過去的時候，她常常都在睡覺。「白天補眠吧，我猜，」他說。

我們經常猜想我們應該要擔心到什麼程度。我們兩人在同一條船上。我們不想惹惱她，不想過度反應。她跟我們保證她很好。我們不知道要如何評估父母的能力。多的是書籍和部落格在講如何照顧子女，但我該如何照顧父母呢？

有一天她打電話給我哥，說他不讓她買鋼琴，害她很傷心。「妳在說什麼，媽？妳從沒提過任何有關鋼琴的事」。「哦，」她說。「我想是我做夢夢到。真傻！我搞混了。」

她有一天下午打電話給我，說她被偷了，她放在衣櫃裡的金飾不見了。我幫她一步一步回想。結果在浴缸找到。「妳一定覺得我很笨，」她怯懦地說。「修理工人來家裡時，保險起見，我把金飾藏在那兒。然後我就忘記了。」

她在半夜打電話給親戚，堅信發生了什麼緊急事件。她打電話給銀行，取消她的信用卡。我哥和我插手、解釋、撫順、修理，讓她的世界恢復秩序。

這些事件間隔數個月發生。我們安慰自己說，沒有頻頻出事，所以沒有那麼麻煩。

「我也有過相同的情況，做了個很鮮明的夢，然後以為是真的，」我哥說。

「我覺得浴缸是藏東西的好地方，」我聽見自己說。「其實挺聰明的。」

我們就是這樣彼此安慰，說服自己，只不過這些都不怎麼令人安心。

最後，我們在新海芬的阿德勒老年人評估中心（Adler Geriatric Assessment Center）預約了門診，這家診所的專業是失智症。從我們打第一通電話起，便可看出它不同於一般的醫師診所。我們不必解釋是替別人約診、患者不想來，以及她甚至可能很好鬥。他們早就知道了。

13

我們和指派給我們的個案人員凱西碰面，我媽則去檢測生命徵象。

「你們為什麼來這裡？」凱西問。「跟我說一下你們母親的狀況吧。」

我哥和我同時張口講話。

「嗯，她開始這種行為——」

「最近她有點搞不清楚——」

我們彼此對望，尷尬地笑一笑。我們有太多話想說了。

和凱西談話就像跟魔術師講話一般，她立刻占卜到過去幾個月的情形。「聽起來她像是虛談（confabulating），」她指出。「沒錯！」我哥說。「正是這個字！」我覺得我們實在太傻了，竟想獨力應付這種局面。只不過聽到我媽行為的症狀用語，便令我們如釋重負。

在了解背景資料時，凱西問起我媽當初為什麼來美國。我還來不及回答，我哥便說。「她從未打算長久居留。她的計畫是要回去印度。她只想先賺點錢。」

「你在說什麼啊？」我打斷他的話。「她——她說她來美國是要給自己小孩機會。」

我哥帶著憐憫眼神打量著我。

「你們知道嗎，」凱西慢慢說著，「手足間通常不會討論自己的父母，直到這種事情發生。我見過太多了。」

敲門聲打斷了我們。巧合的是，指派給我們的醫生是位印度女性，我稱呼她為辛希醫師。她和我媽步入房間，兩人用印度語有說有笑。我笑著看了我哥一眼。同志情誼！這當然是個好徵兆。

「所以說。」辛希醫師在她的辦公桌坐下。「我檢查了令堂的生命徵象，也做了一些基礎認知測驗。她表現得好極了。」

在提到她考了高分時，我媽挺直腰板，下巴抬得高高的。

「可是，讓我擔心的是她的體重。令堂現在是三九．五公斤。而她的簡短智能測驗（MMSE）分數使她——」

「抱歉，」我打岔。「妳說三九．五公斤嗎？」

「是的。」

我看看我哥，再看看凱西。「那……我是說……那不太好吧。」

辛希醫師點頭。「一點沒錯。上次檢查時，她有四五．四公斤。在那之前六個月，她有五一．八公斤。她的血液檢測結果都很正常……」

辛希醫師接著說下去，我必須把手壓在身體下才能阻止手抖。我整個身體開始顫抖。這個體重數值把我嚇壞了，那是令人難以理解的數值——相當於小孩子的體重。

我看向我媽。即便是炎熱的六月天，她還穿了好幾層衣服。很難從穿著去判斷她的體形。我是不是對她的外貌太過習慣，以至於視而不見？

「我一直給她送飯，」我哥插嘴說。

「我們打電話給她，」我附和。「每天打一通，我們其中一人會打電話確定她有吃飯。」

「可是她的體重大幅下降。」辛希醫生摘下她的眼鏡。「聽好，我沒有懷疑你們已經竭盡全力。你們到這裡看門診。你們有自己的人生——事業，小孩，並不容易做到。」

「我無法理解這怎麼可能發生。她跟我們說她有吃東西。」我哥用一隻手摀著臉。

「我猜她記錯了。」辛希醫生看著我媽，後者神情冷漠。心情輪盤今天轉到了合作的媽媽，她一反常態地沉默。我好奇她腦子裡在想些什麼。

「她跟你們說她有吃，但或許她是想到幾天前吃的一餐。我們無從得知，可以確定的是她需要協助。」

我媽活了起來。「我會吃多一點，」她說。「我只是懶得吃罷了！沒有人想要煮飯給一個人吃。我會努力一點。妳等著看！我會胖嘟嘟的！」

聽見她又舊調重彈，我閉上了眼睛。

「我們已經回不去了。」辛希醫生看著我和我哥。「坦白跟你們說，我很擔心。我不能昧著良心讓妳媽自生自滅。我不知道你們是否討論過選項，不過有一些很好的機構——」

「我要帶她回我家，」我衝口而出。

所有人都轉過頭來看著我。

「我在家工作，」我說明，聲音聽起來比我想像得穩定。「我可以照顧她。我可以煮飯給她吃。我會確保她有吃飯。」

「妳可以做到多久呢？」辛希醫生問。

「永遠。」我想到諾亞和柔依。我甚至不知道自己在提議什麼。我哥不可置信地看著我。「至少到她的體重回升為止，」我修正說。

「這是個很好的提議。」辛希醫生笑著說。「妳願意接受嗎？」

我媽空洞地笑著。「我生了很棒的小孩。我會做他們認為最好的事。」

我皺起眉頭。我很高興她態度配合，但我不開心凱西與辛希醫生沒機會看到她有多麼難搞。這就好像你把車交給技工修理，可是車子卻不發出讓你去修理的雜音。

「好極了！」辛希醫生開始在她的檢查圖表上註記。「她的胃無法負荷大量的飲食，因此妳一開始要慢慢來。關鍵是經常、小量的高卡路里食物：酪梨，花生醬，冰淇淋。每日綜合維生素和鈣也很重要。我想她或許有些缺乏維生素……」

我在手機上做筆記，我的手指飛快打字，腦袋卻一片空白。我現在要負責我媽的想法把我嚇壞了。

「有問題嗎？」我媽離開房間後，凱西問我。

「萬一她改變心意了呢？」我緊張地問。「我是說……等我們離開這裡，她不會那麼聽話。萬一她開始喊叫呢？」

「那就讓她喊叫。」

我哥清了下喉嚨。「我媽的問題是她有時很頑固。她會要求帶她回家。她不會記得她同意了這一切。」

「當然，她不會記得，」凱西也同意。

「那我該怎麼辦？」我說。

凱西看著我。「妳做媽媽了，對吧？」

「對。」

「妳的小孩向來很合作？」

「嗯，沒有，不過——」

「或許有時會喊叫，對吧？會發脾氣？」

「嗯，是的，不過——」

「都一樣的。不要把她當成妳的母親，把她當成妳的小孩。」

我開始反駁。凱西並不了解。

「聽好，」她把紙張弄成整齊的一疊。「妳掌控一切。妳開車帶妳媽來看門診。她要怎麼辦，走路回家？」她輕笑。「等妳們上車後，一定要記得鎖好車門。那樣，她就不能跳下車了。」

14

開車回我家的路途很緊張。

我不斷講笑話，聲音刻意地愉快。我媽偶爾嘟囔著回答一句。

我們遇到塞車時段，她看向車窗外：車身金屬板反射著陽光，汽車呼嘯前進。「我的用品怎麼辦？」我們越過康乃狄克與紐約州邊界時，她問說。「如果我要去妳家……不需要我的用品嗎？」

「別擔心，媽。我們會想出方法的。」

她皺起眉頭。我的保證對她向來不管用。

我們待在車陣中，她的心情黯淡下來。等兩個小時後我們開進我家車道時，她已陷入沉思的恐懼之中。她的臉色鐵青，像大門深鎖的商店一樣封閉。

當她看到諾亞站在門口，表情豁然開朗。「哦！」她高聲說。「我不知道諾亞會在家裡。我以為他會在上班！」

我媽一向喜愛諾亞。她唸他的名字時會唸成諾瓦，讓我想到超新星，明亮之星。她對他比較有禮貌，她的另一個部分開始起了作用。

他熱情地歡迎他。（當然了，親愛的，我在醫師診間發簡訊給他時，他回答。帶她回來。三九．五公斤！太糟了。）

柔依從角落跑過來。「外婆，外婆！我們好開心妳來了！」

「哈囉，哈囉！」她笑著回答。

我原以為氣氛會尷尬，可是那天晚上順利渡過。我們像是戲劇小品的演員，假裝這是計畫中的拜訪。我們看著我媽的眼色，她稱讚我匆忙弄出來的素食餐點，宣稱能來看我們實在太好了。她沒有提到去看醫生門診。我猜想她是不是已經忘記了。

這是美好的場景，除了她的前臂之外。她把手臂放在餐桌上，在我們之間，遠比正常手臂來得細小，不超過二隻手指頭寬。在最寬處，我可以用我的大姆指和食指圈住。在她談笑風生之際，我很難把目光移開。

吃過晚飯後，我為她做了花生醬香蕉奶昔。「妳做的？太好吃了！」她大聲說。因為她不記得了，我在一小時後又讓她吃了一小份——少量的高卡路里飲食，如醫生所建議的。她忘了早已吃過一些，仍然覺得美味。「妳做的？這是什麼？太好吃了！」

我心想，阿茲海默症可能導致飢餓或肥胖。短期記憶喪失會造成這兩種情況，導致一個人忘記吃東西或者一吃再吃。

我送柔依上床，下樓時看到諾亞和我媽在雅室講話。他們的對話隨和而愉悅。看著他們，我覺得放鬆了下來。

這個雅室是個有窗戶的空間，是我在家裡最喜歡的房間，可以看到休士頓。太陽西沉，天空柔和成為一抹粉紅，倒映在河水。或許一切都會沒事，我告訴自己。或許事情不會那麼糟。然後，翌日就發生了。

15

「我是怎麼來這裡的？」她的聲音透著懷疑。

我在為她做早餐時，跟她說我們帶她去看醫師的事。

「所以，我應該要住在妳家？」

「我們是這麼計畫的。」

「太荒唐了！我不能跟妳住。我的衣服怎麼辦，我的家怎麼辦？我什麼東西都沒帶！」

「妳必須增加體重，媽。」我把一碗楓糖燕麥和一些切片香蕉放在她面前。「我們這麼辦吧。我幫妳買一些新衣服。反正妳的舊衣服都不合身了。妳需要什麼，我們都可以買。」

她不屑地發出嘖嘖聲。「完全沒有必要。我是因為懶才會掉體重，如此罷了。等我回家後，我會更加努力。妳等著看！我會胖嘟嘟的！」

「妳上次就講過這些話了。妳答應會增加體重，可是妳在六個月內掉了五分之一身體質量。」我停頓一下以示強調。她不上鉤。「我們試過妳的方法了，」我接著說。「但沒有用。」

「啊，你看，問題是，我一直很挑食。我還小的時候，就有這個毛病，我媽總是抱怨……」

她每句話都要回嘴。我們一來一往的，她保持鎮定自若，我則越來越火大。講理是行不通的。我說她太過消瘦，她就說我太誇張。我提醒她醫生的囑咐，她便質疑那位醫師的信用。

「媽，辛希醫師是耶魯的教授。」

「那又怎樣？或許她是個好研究者，那並不會使她成為好醫師。」

「妳瘦到皮包骨！」

「在印度，很多人都是皮包骨。美國人太肥了。」

我這才想到，我們不是在爭論食物或體重。我們是在爭論掌控權。

我想到凱西，厲害的凱西，然後深吸了一口氣。「聽著，妳愛怎麼說都沒關係。行不通的。如果妳想要回家，得要我開車載妳才行。在妳的體重回升之前，我不會載妳回去的。」

我媽不知道有優步（Uber）這種服務。現在，她連怎麼叫計程車都不會。凱西是對的：我掌控一切。我站在那裡，有一種勝利感。

「好吧，」她冷靜地打量我。「但是，如果你繼續把我留在這裡，我就絕食。」她把早餐推開，只吃了幾片香蕉。

我驚恐地看著她。

「妳和妳哥想要控制我，我知道你們的打算。我在這個屋子裡一口都不會吃，那妳要怎麼辦呢？妳說妳關心我，妳可以看著我餓死嗎？」

「媽！」我把臉埋在雙手裡。牢犯的反擊！我無法相信她住了十二小時之後便做出威脅。凱西要我做主。老實說，我不知道怎麼做。「我們晚點再討論，」我低聲說。

她冷笑著。

我走上樓梯到我的書房，假裝要工作。我答應經紀人在月底前要把第二本小說的草稿寄給她。當我打開電腦，我聽見我媽晃進客廳另一邊的客房。我探頭出去，看到她拿著她的皮包。

「呃，妳要上哪兒去？」

「我要在樓梯下等著，直到妳打算送我回家。」

「媽，我沒辦法，我有事要做。我得去接柔依放學，而且妳必須吃東西！」

半個小時後，我去查看時，她坐在門廳地板上。

「妳在地上那樣是要做什麼？」

「我跟妳講過了。妳不記得了嗎？或許妳應該去檢查妳的記憶力。我要在這裡等，直到妳可以開車送我回家。」

「在地板上？有什麼意義？至少讓妳自己舒服一點。」

她瞪著我，鼻尖翹得高高的。

這就是我媽，我聰明、美麗的母親，但在那個時刻，她扳著臉，我想到凱西說對了。她是個小孩子。

發脾氣的幼兒終究會疲累，每個父母都會跟你這麼說。你可以試圖跟小孩講道理把自己搞得慘兮兮，抑或你可以給自己泡杯茶，耐心等候。

我選擇後者。

我回去自己的書房。一小時後，我聽到她走回客房。我笑了，很高興她放棄了。在修改一章之後，我看了一眼時鐘。我嚇到了。已經兩點鐘，比我想得晚很多。我媽在隨便吃幾塊香蕉後，便沒有再吃任何東西。我敲了客房的房門。

她睡得很熟，都沒聽見我進門。洛拉是隻粗枝大葉的狗狗，名符其實的行進樂隊，牠跟在我身後，尾巴打在門上，腳爪抓在硬木地板上。我媽動也不動。

「媽？」我碰碰毛毯下她的腳。

她睡得迷迷糊糊，低語著我聽不懂的話。

「媽。」我再大力一點碰碰她的腳。

她眼皮眨一眨，眼珠子在眼窩裡轉來轉去，還翻了白眼。

我嚇一跳，衝到她床邊，扶著她肩膀。「媽，妳沒事吧？」

她的眼睛不能對焦。「累了，」她低語著。我還來不及說什麼，她又昏睡過去。

我手足無措地站在原地。她轉眼珠子和翻白眼像是肥皂劇的情節。現實生活裡，眼睛不該是那樣的。

洛拉擔憂地看著我，爪子去碰毛毯。

或許她只是累了，我想。或許她需要休息。

但是，我知道不是這樣。我是在找藉口。疲累是一回事。眼睛無法對焦則是另一回事。她沒有熟睡到喪失意識的程度。

我拿起手機想打給九一一。這是該做的事——我知道——可是我做不到。我聽說過老人家因為小毛病，像是跌斷手腕或折斷腳踝，被送進醫院，卻再也沒有出來的故事。

我看著她在毛毯下的身形，再看看手裡的電話。我不能讓恐懼打敗我。我要堅強起來。

「媽！」這回我大聲喊叫。我用力拍掌。「妳得醒來才行。這是緊急事件。如果妳不醒來，我就要叫救護車。」

她的眼睛馬上睜大。

「很好！現在，坐起來！」

我的聲音像軍訓教官的聲音。我從沒用這種語氣跟我媽講話過，我從沒用這種語氣跟任何人講話過。

她想要自己坐起來，但是連頭都抬不起來。我把她扶起來靠在枕頭上。「妳必須把這個喝下去。」我把床頭櫃的一杯果汁遞給她。

「等一下，」她低語，頭慢慢垂下去。

「不行！現在馬上。妳聽到我的話了嗎？現在馬上。」

如果可以懷恨地喝下果汁，她便做到了。

「妳吃得太少。妳失去意識了。」說出這些字眼讓我覺得可笑，我根本不知道自己在講什麼。

她開始辯解。我制止她說話。

「妳要是不把我送來的點心吃掉，我就要送妳去住院。這些是妳的選項。妳想去住院嗎？」

她低頭看著毯子，搖搖頭。

「好的。很好。」

我端著小托盤回來（一條KitKat巧克力，幾塊餅乾，蘋果切片，和一小塊起司），我急忙湊出來的，因為我擔心我一不在，她會又睡著了。她低聲說：「我會吃完的，妳不必那樣站著監視我，給我五分鐘就好。」

我在客廳裡等著，焦急地聽著她吃東西。我記起來，有一次她曾問我是否想去住院。而我竟然問她相同的問題，簡直太超現實了。

從客房走出來後，她不肯看我。我們走下樓梯時，她無力地倚在我身上，手指掐進我手臂。短短這段樓梯花了我們十分鐘。

我在廚房裡又替她湊了一份點心。她一語不發地吃著，散發出敵意。我記起我曾經跟心理醫師說過，憤怒是有益的。

我想到她拒絕來西雅圖看我時，我有多麼憤怒。她的舉動或許不正確，可是她的態度很確定。或許那是我現在需要的：不是正確，而是確定。我可以打電話給九一一或是拍著掌走進她的房間，但我不能站在這裡猶豫不決，哼哼哈哈的。如果發號施令造成她的憤怒，那就這樣吧。

她給我照顧的第一天不算成功。我威脅她，對她吼叫，在我或許應該尋求醫療協助時卻拒絕，疏忽給她吃飯，儘管那是我唯一的任務。我在應該不理她的時候理她，卻在應該理她的時候不理她。護理師或看護看到這一切會搖頭嘆息。我沒有把事情做到最好，我甚至沒有把事情做好。

然而，當我看著她吃東西，當我看到她臉上恢復了血色，我不禁想到凱西會為我感到驕傲。

16

當晚諾亞回到家的時候，我媽整個人都變了。媽媽輪盤轉到歡樂的客人。她在餐桌上講笑話，熱情詢問諾亞今天過得如何。她不如提議空中扔水果及吹動物汽球好了。

我有點怨恨地看著她。我像一個全職母親，一整天忍受嚎啕大哭的嬰兒，等到爸爸回家時，嬰兒卻笑得好燦爛。

如果我講述那個下午的事，沒有人會相信我。那個翻白眼的女人不見了。在電影裡，這個時間點簡直難以置信，在失去意識的兩個小時後說說笑笑。我媽高聲讚美我做的燉飯。她自由自在轉換情緒。這種舉動不是故意的，卻具有啟發性。我決定向她學習，把可怕的這一天拋到腦後。

她沒有跟我們待在一起超過二十四小時。這實在令人費解。我不知道如何跟上她的情緒。可是，那個晚上，我們坐在餐桌時，房間灑滿金色的夕陽，我想著阿茲海默症或許帶來奇特的禮物。

我猜這是這種疾病的奇異好處吧。她的記憶喪失釋放了她。人們總愛說「活在當下」。

阿茲海默症患者別無選擇。

遺忘對我來說並不容易。我的問題正好和我媽相反：記憶太過清楚。什麼事情都記得清清楚楚。她的病提供一項驚人的省思：我不需要抓著我媽的記憶不放。

我第一次覺得，讓我媽搬過來同住不只是為了幫她。我或許也能夠得到幫助。

17

我媽的到來讓我們家產生巨大變化。有些像是有了第二個小孩，但沒有九個月去準備。在這之前，我們的居家生活很有規律。柔依是那種寧可坐著看書，也不想跟小朋友玩的孩子。看到其他孩子們從牆上跳下來，她問說為何他們要那樣做。當然，她有她自己的挑戰，只不過是屬於書呆子的挑戰。我的挑戰也是這種類型。

我媽則完全不同。跟她在一起的每一天就像是雲霄飛車。她忘記她是怎麼來我家，而宣稱自己被挾持為人質。下一刻她又對自己需要協助表達羞愧。我驕傲無比的母親總是渾身散發著權威感，她從不曾在我面前哭過，如今卻在我的懷中啜泣。但在十分鐘後，她像隻快樂的小鳥，問說她可以幫忙料理晚餐嗎。「這正是我來這裡的理由，妳明白的，」她開朗地說。「來幫妳的忙。」

這種高低起伏是怎麼回事？它令人著迷、具娛樂性，但又讓人疲累。我一向知道媽媽輪盤的存在，卻不清楚輪盤轉得多快。在我看著她的每日心情起伏，與她一同經歷之後，我不再生氣，怨恨也軟化了。我可憐的母親，心情來回跳動。

和我們住了三天或四天之後，她請諾亞開車載她到標靶百貨（Target）量販店，她想買點杏仁奶。她就有機農耕發表了一場小演說，那是她在「六十分鐘」節目（60 Minutes）看到有關美國農業部的一集，又說她是無麩質飲食。諾亞點點頭，彷彿這篇無意義的演說很有道理似的。「很顯然，」他說，「杏仁奶正是答案。」

等他們到了店裡，她卻改變心意。「杏仁奶？」她問了一遍。「我為什麼要買？」相反的，她買了一大袋洋芋片。回家以後，她指著那袋洋芋片說：「天吶，你們吃好多垃圾食物。你們知道我需要什麼嗎？杏仁奶。」我都快要發脾氣了，諾亞卻從購物袋抽出一盒的杏仁奶。「這裡有，」他笑著說。他假裝是自己要喝的，在店裡買了。

我們正在學習：如何幫助她，我們能接受不可期待的事情，以及如何變得更為寬宏大量。有一晚她把髒碗盤從洗碗機裡拿出來，「外婆想要好好表現，」我心不在焉地跟柔依說。當時，我是隨便說說。我這麼說，是因為這樣才得體。沒想到幾天後，這句話就回應在我身上。

我媽逼迫我實踐我向來宣稱重視的價值觀。憐憫，同理心，耐心，仁慈。如果我們只是在書本上讀過，這些價值觀有什麼意義呢？還不如在我家裡親身力行。

18

我媽和我們住在一起一星期後，有一天早上我看向她，倒抽了一口氣。

「什麼事？」她嚇一跳。

「哦！嗯。沒事。我突然想起一件事，就那樣而已。」以一個小說作家而言，我實在很不會撒謊。

我繼續看報紙，克制盯著她看的衝動。穿過窗戶照進來的六月陽光，點亮著她的側影。她的整個臉頰遍佈白色細毛。

我偷偷瞧著她。她可是無毛小奇蹟。她不可能臉頰上長毛。可是，真的有，像蒲公英絨毛。

後來，我正巧瞄到她用手指去撓。身為科學家，她對自己的身體並不感羞恥。「我覺得這裡有毛。我拔不掉，因為我的手抖。」

「妳要我幫妳嗎？」我已經在腦子裡彩排過這句台詞了。我練習讓這句話聽起來很平常，像替她倒一杯水一樣。

她稍微猶豫了一下。「好的。」

我用跑的去拿拔毛夾，很興奮她同意我為她除毛。我讓她躺在沙發上，頭底下墊著抱枕。她闔上眼睛。我輕輕抬起她的臉頰。這個時刻的脆弱令我訝異——我用手捧著她的臉龐，她緊閉雙眼。我的臉跟她只距離數吋。她吐氣時吐出一陣輕柔的風。我放慢呼吸好搭配她的速度。

我希望，每位照護者、每位病患、老年人和身體不適的人，都能夠體會這時我的感受，不是嘔心或嫌惡。這是愛。如果不是想到她的尊嚴與美麗，你無法照顧一個人，一心只想守護她。

我弄好以後，她摸摸恢復光滑的皮膚，滿意地點頭。然後，她舉起手來握住我的手。「有誰會為別人做這種事？我無法相信妳幫我做這種事。」她笑一笑，然後放開我的手。

19

我媽要跟我們住在一起多久？我們要請個幫手嗎？她在康乃狄克州的房子怎麼辦？這些問題在我腦中盤桓。有個人對於我找不出答案感到緊張。不是諾亞，而是我哥。

「妳覺得她會跟妳住多久？」

「不知道。」

「我是說，我知道妳說不出個準確時間，但大致的時間呢？我們需要思考下一步才行。我不希望她需要照護，而我們卻沒有做好任何準備。」

我哥的重點向來合情合理。聽他說話，我時常覺得只有白癡才會不同意。

「假如要妳猜一下，」他接著說，「比如妳必須說出個數字——」

「我不知道，好嗎？」我的聲音非本意地尖高。我清了清喉嚨。「老實說，我沒概念。六個月？一年？」

他不說話。「我以為妳會說再幾天。頂多再兩個星期。」

「兩個星期？她瘦到皮包骨了！」

「這我明白。」

「嗯，兩星期還不能解決。有一天我叫不醒她……」

我覺得我的話沒被聽進去。我哥要的是一項計畫。他想要一個時程表、策略、下一步，主導他的世界的商業會議用語。他想要深入保險、安養機構的細節，各種後勤作業與安排。我的感受與後勤作業與安排完全無關。

兄弟姊妹不了解我們，搞不清楚我們的選擇，會讓我們產生一種特別的痛苦。我在他身上感受到了。六個月？一年？他無法相信我竟然說出這種話。你們瘋了嗎？我彷彿聽見他想說這句話。

我在自己身上也感受到了。頂多兩個星期。我無法相信他竟然說出這種話。三九．五公斤！我想要大叫，好像重複這個數值可以改變他的看法。

我們之間陷入好長一陣寂靜。

「我不可能做到妳所做的事，」他終於開口。

我不知如何回答。照顧我媽有另外一個層面。不是我可以描繪或詳列，不是我可以理性解釋的事。我和母親處於一種境況。如果硬要說的話，我所感受到的是一股無可阻攔的引力。我們之間有一些尚未解決的事情，照顧她、守護她的工作。這些話很難大聲說出，尤其是對我哥。

「我無法想像現在便把她送到安養院，」我只能說。

我想到我們去阿德勒老年人評估中心看診，在談到她當初為何來美國時，我媽總是跟我說，她來這裡是為了讓子女有機會。或者，至少，我想她是這麼說的。或許只是我在假裝。

所以，我才會想要跟她相處這段時間。我想要在我還能夠的時候，去了解她。我想要區隔神話與現實，調解我一向想像的母親與這個我才開始了解的複雜的人。

20

幫我媽買衣服是一場持續的戰鬥。我在線上購買的四號長褲結果太鬆了，她穿不住。她以前的褲子是十號。她這一輩子都穿十號。我以為，四號一定會合身的。

我重新買了二號的褲子，鬆垮垮的。甚至零號都像布袋。柔依覺得這是個好玩的遊戲。「褲子有負號嗎？」她問說。外婆的眼睛笑到瞇起來。順著這個笑話，我給她一件柔依的衣服試穿一下。袖子太短，褲腳像七分褲，不過其他部分都合身。

「外婆穿我的衣服！」柔依咯咯笑，很開心。

我是唯一笑不出來的人。

我在恐慌與鎮定之間擺盪。就像那天在她床邊我差點打電話叫救護車一樣，我不知道我應該害怕到何種程度。

最後，我強迫自己計算她的身體質量指數（BMI）。我發現是一五·四。數值低於一七是厭食症的診斷標準之一，這是體重極度減輕到需要住院。我需要這種數值才能理解發生的事。就像戰爭或虐待，這種事很難理解。

和她一起生活之後，我明白她是如何體重只有三九．五公斤。有一個我真正的母親，我觀察她的行動，另外還有一個她的發言人，專門解釋她的行動。我真正的母親以為她吃過午飯了，其實沒有，把她的藥放在櫃子上「待會再吃」，然後就走開，忘得一乾二淨。她的鬧鐘藥盒應該是連傻瓜都有用。失智症卻把我們所有人都變成傻瓜。

我真正的母親才洗完澡十分鐘就想洗澡，用垃圾桶裡的濕紙巾擦拭廚房流理台，從冰箱深處挖出過期優格來吃。我回想起我為她做菜，努力用大大的字體標示期限。如果你連現在是哪個月都不知道，標示保存日期有什麼意義。我以為自己猜測到她的需求，但我的假設是錯誤的，不想承認事實。如果她吃了過期食品而生病，我也不訝異。

我媽體重掉到只剩三九．五公斤，是因為我們打電話給她的時候，接電話的是她的發言人。發言人告訴我們飯菜很可口，按時服藥，在社區裡安心散步。發言人完全偏離事實的靶心，甚至都已跑出事實的飛鏢盤。

我們相信她，即便她的故事不符合我們的觀察。我們相信她，即使她的體重下降，症狀惡化。我想要認同她展現出來的每個版本，她展現在我面前的，以及展現在她父母面前的。她最大的天賦是她相信人們。她站在他們身邊來治癒他們。

事到如今，我才恍然大悟，她從未真心相信她的病患。為了診斷，她必須仔細聆聽。重點不是相信他們的故事，重點是讓他們以為她相信。

21

在一天之中，我試著給她找點事做，好讓我可以工作。我要申請一個研究員職位，期限快要到了，我擔任一個小說比賽的評審，需要看一堆的短篇小說，還有我自己的第二本小說。我叫我媽摺洗好的衣物，或是打開電視到CNBC新聞台，然後趕緊衝到我的辦公室。我抽空去看看她，為她做點心。我每天帶她去散步，為她做午飯，搜尋素食晚餐的食譜，監督她吃藥和營養補充品。

她在屋子裡漫遊，問說洗手間在哪裡。即使過了一星期，她仍不記得怎麼走到客房。「為什麼我會在這裡？」她困惑地問。

有一天早上，我很驚慌，因為我找不到她。她在屋外，氣呼呼的。她拒絕進到屋裡。我問她為什麼生氣，她竟然對我吐舌頭。

她指控我企圖下藥毒害她。過了一小時後，她跟我說我是世界上最棒的女兒。她指稱我哥圖謀她的錢財。她看到柔依時，變得和藹可親。我在她的情緒之間彈跳，就像彈珠台裡的小鋼珠。

有一件事則是不變的。每一天，毫無例外，她會來找我，眼中流露驚恐的神色，跟我說她需要住進安養機構。如今與我同住，她不再試圖假扮發言人。我們已不需要那麼做了。

柔依來到我的生命之中，曾經發揮一面鏡子的作用，讓我重新看見自己。我認為，我媽也是這樣。她無法再透過發言人的華麗裝飾來看待她自己。她無法再自我欺瞞，假裝她沒事。她看到我所看到的，我們兩人都不想承認的事情。我感覺到她因此而受傷，可是同時感到釋懷。她可以對我卸下幻想。我可以卸下對她的幻想。我們可以一起卸下我們的故事。

22

「你覺得怎樣？」我在晚上問諾亞。「你還好吧？我們都還好吧？」

「我很好。」

「真的很好，還是隨口敷衍的好？」

「真的很好。我原本以為妳媽來住會很有壓力。她的日子也不好過，可是，我不曉得，情況還不錯。」

「我也是這麼想。但不確定你的想法。」

「看到她和柔依在一起很感人。她的狀況也好很多。就像看到一盆盆栽恢復生氣。連她的眼珠子都看起來好多了。」

話說得沒錯，既然他提到了。「她的眼睛……她剛來這裡時，眼睛有點……」

「黃？」

「對啊。確實。老天。」我想到她的眼白部分閃著霓虹色，活像《戰慄》（*Thriller*）音樂錄影帶裡的角色。我想到我如果不喝兩杯馬丁尼，就無法和她同桌用餐。現在我整天都和她在一起，卻完全不介意。我無法理解。

然後我想到，她和我以前處在一種逃避的循環。和她互動很痛苦，所以我越來越少跟她講話。如此一來便不可能獲得任何回報。

我們互動的方式很膚淺：閒聊，吃飯，勉強的聚會。閒聊對阿茲海默症患者而言是一種災難，因為它依賴短期記憶。她一再重複說過的話。我變得沮喪。

現在，我們的互動比較自然。在我做菜時，或者一起遛狗時，我們聊天。我對她沒有任何預期，因為我看到她的日常生活有多麼辛苦。她設法保持愉快，真是奇蹟。

把哭鬧的嬰兒交給別人五分鐘，那個人對嬰兒或許沒什麼情感。叫同樣一個人照顧嬰兒一下午，他們或許就不願讓嬰兒離開了。

在面對把我們逼瘋的情況時，我們或許要把問題帶到我們身邊。這不是一體適用的策略。我不會建議毒性關係或虐待關係這麼做。逃避我爸對我來說很有用。可是，我和母親的關係向來不同。我們之間有愛做為基礎。限制我們的互動，使得我們很難重拾我們習慣分享的關係。

幫助她讓我覺得好多了。這是奇妙之處。她才是需要幫助的人，然而我提供幫助卻覺得好多了。真是奇怪，但我有一種心情，在照顧她的同時，我其實也照顧了自己。

23

有一天早上我在幫柔依梳頭髮，她扭動著想從我手下逃走，我聽見自己說：「妳應該高興才對！外婆從來不幫我梳頭髮。」

「妳真幸運，」柔依小聲說。

我笑一笑，然後驚覺她說對了。我是為了自己才幫她梳頭髮。我不希望她遭到霸凌，或是被教師投以憐憫的眼光，但那些是我自己的恐懼。看似出於母愛的舉動，本質上卻是自私之舉。

我記得多年前母親到紐約來看我，她的車上滿載奇特的物品。我知道那是愛的表現，可是那些東西感覺上跟我毫無關係。

紙巾、納寧錠、廣效性抗生素，這些東西是她以前打包到新秀麗行李箱，帶回去印度給她的父母。他們的生活很舒適，可是他們不方便取得西方的便利物品。

或許我媽帶給我的物品是她希望別人以前曾帶給她的。

或許我幫柔依梳頭髮是因為我希望別人以前曾為我做過。

或許在母性最強烈之時，我們都算不上是母親。我們還是女兒，在倒流的時光中找尋我們祈求自己曾有過的母親，卻只找到我們自己。

照顧她帶來一個彌補的機會。在我需要她的時候，母親不曾為我竭盡全力，可是現在我為她竭盡全力。這好像是重頭來過，修補我們關係的機會。我擔任她應該做的母親。這麼做的時候，我幫了我們兩個人。

我想，我們忘記了，在照顧需要照顧的人之時，我們梳的不是自己的頭髮，餵的不是自己的嘴巴，不是滿足自己的需求，而是我們做了沒有人為我們做的事。我們希望餘願足矣。

24

在最初幾個星期，令我驚訝的是我們的情況竟然並不糟糕。我十分感動說我們的日常生活變成愉快的驚喜，類似「哈，我們真的做到了。而且沒那麼糟糕！」

和母親一起生活有一些好處是我始料未及的。如果妳在一年前問我對自己家庭的期望，我可能會滿懷期待地說出一些心願：多吃些蔬菜，讓柔依接觸馬拉提語，一家人多相處一些時光。想到這些目標便覺得麻煩（誰有時間啊？）可是我媽來了以後，這些都實現了。

家裡有個素食者之故，我們吃了更多蔬食，主要是因為我懶得煮不同菜色。她幾乎只說馬拉提語，因為阿茲海默症造成語言退化。我們開始玩桌遊，為她提供心智刺激：快艇骰子（Yahtzee）、Rack-O（她最愛玩的，因為這是她唯一不需要協助便會玩的遊戲）、Uno。吃完健康餐飲之後，我們坐著玩牌戲，外婆用馬拉提語發言，柔依偷偷地笑。我們就像是二十一世紀的洛克威爾畫作（Norman Rockwell，譯註：二十世紀早期美國重要插畫家，以描繪溫馨家庭場景著稱。）

「嗯，我買了一台鋼琴，」有一晚諾亞宣佈說。

「什麼？」我說。

「我不想在妳百忙當中打擾妳，不過我看到一則線上廣告。某位鄰居想要處理掉鋼琴。我請了一名調音師去檢查，確定琴的狀態良好。我們幾乎不花錢就買到了。」

諾亞一直喜愛音樂。他有絕對音感。這是少見的天賦，據說一萬人中才有一人。他大半輩子都不知道自己有這項才能，直到有一天他坐計程車時聽到一首不熟悉的歌曲，發現自己似乎可能「看到」樂譜。如果我敲一下酒杯，他就可以分辨出音符。隨便播放一首歌，他便能說出大調。多年來，我鼓勵他去認真學習，而不只是會這些客廳小把戲。他尤其被鋼琴吸引。「總有一天，」他總是隨口回答。

我笑了。「真好。你為什麼終於現在肯做了？」

他聳聳肩。「或許是因為現在我需要它。」

我丈夫或許有可能在丈母娘沒有搬進來之下仍去學鋼琴，但老實說，我很懷疑。他需要一股推力。

疾病、死亡、照顧生病家人的複雜情況：沒有人會想要面對這些情境，但在危機時刻，在我們別無選擇之下，我們投降了。令人意外的是，我們撐過來了。我們有什麼選擇？沒有那麼糟糕就是好事一件，是我們比自己想像來得強大的徵兆。

我以為這會是我的家庭的黑暗、艱難時刻，充滿壓力的時刻。我想到，鑽石不是自願生成的。有哪一塊煤炭願意承受那麼長久的時間與壓力？我們在別無選擇之下經歷的一切將使我們熠熠生輝。

25

我們的日常生活如下：

我媽醒來，時間可能介於清晨五時到中午之間。我通常在辦公室工作。我衝下樓，發現她穿著睡衣站在廚房裡，一臉疑惑。等到看到我，她才會安心。

她和我閒聊幾分鐘，夾雜馬拉提語與英語。我準備她的早餐和早上的藥丸。我把《時代》雜誌翻到她或許覺得感興趣的文章，有關印度或股市的報導。然後我又飛奔回到辦公室工作。

當我聽見她走上樓梯，我從她身旁快步走下去檢查她有沒有吃藥。她時常在早飯後想要「休息」，我不知她因何疲累。我幫她搭配好外出服，因為她無法自己做到。「外頭天氣很好——攝氏二十四度，」我會這麼跟她說。「我需要戴帽子嗎？」她會問。

有時候她會沖澡更衣。有時候則會在我拿出來的衣服上頭睡著了。我試著在午餐前做一些工作，根據她醒來的時間，或許是在早飯後一個小時。

我會幫她做一種墨西哥捲餅：起司、米飯、豆類、墨西哥辣椒、胡蘿蔔、醃高麗菜、芒果，我在周末時準備好這些食材，只需要把它們搭配起來即可。幸運的日子，她會說食物美味可口，叫我去開餐廳。不幸運的日子，她皺起眉頭，駝著背盯著餐盤不動。

無論哪種日子，我都衝回樓上工作。

下午的時候，我哄著她去散步。讓她走出家門需要一套複雜而漫長的儀式。她需要喝最後一口水，杯子裡一定要有三塊冰塊，輕啜一點點水之後，她必須上洗手間，之後她又需要喝最後一口水——喔，冰塊早已經融化了！我們又得走回到冰箱。洛拉看著我們嘆息，連狗都吐出絕望的一口氣。

我試著不要去在意我們散步要花好長一段時間。我媽以阿茲海默症特有的步態滑步走路，她的雙腳不是抬起來而是推著前進。無論天氣如何，她都會吸鼻涕。我不是指偶爾一下。她一直引人注目地吸鼻子，以不同節奏、音量和速度，由輕聲地吸氣到突然粗重的噴氣，像是鼻子的摩斯密碼：短短長，短長長。有一次我記錄到她在六十秒吸了三十八次鼻子。

我們走大約一．六公里，有時如果她累了，便沒有走那麼多。我懷念和洛拉健步如飛。當我在找尋寫作靈感、洛拉趴到我膝蓋上的時候，我們就去散步。和我媽一起走的時，洛拉衝到前頭。我不怪牠。牠對我們慢吞吞走路感到不耐煩。

等我們回到家的時候，我媽精疲力竭。她回去房間，待在裡頭。我一直工作到該去接柔依的時間。不久就需要準備晚餐了，諾亞走進門，拿著手機在講公事。外婆慢慢走進廚房。

我試著叫她做些簡單的活兒，像是剝豆莢，但還是得看著她。有一晚，她把豆子扔掉，交給我豆莢。

柔依負責擺餐具。她指派外婆做這項差事。「妳去拿叉子，外婆，」她祕密地低聲說。這或許是我一天當中最美好的時段，看著祖孫兩人。我太常和我媽待在一起，我變得緊張，總想指揮她。「我知道自己在做什麼！」她會頂嘴，一邊剝開豆筴。「媽，妳上次剝豆莢時，把豆子扔掉了。」「真的？」她受傷地說。「我為什麼要那麼做？」

柔依知道該說些什麼，以及怎麼說。她沒有期待。她和外婆像是姊妹或玩伴，像小偷似地圖謀不軌。「叉子在這裡！」如果外婆開錯了抽屜，柔依便會大聲說。口氣不像是指正她。外婆微笑著走向她。

看著她們，我學到很多。我學到仁慈、包容和耐心。我學到接受母親現在的樣子，而不是指望她成為我懷念的那個人。

26

諾亞學鋼琴，我則上健身房。我在平常日子的晚上去，等柔依和外婆睡覺之後。舉重有淨化效果。在照顧別人一天之後，這是照顧我自己的方法。

讓我訝異的是，現在運動的感覺很不一樣。我以前在用滑步機時，感覺像是義務、無趣。如今，健身房成為我的庇護所。運動就像是一種精神儀式，實現重視自我的方法，即使只有一個小時。我停止思考自己該做些什麼。我唯一的目標是做我喜歡的事——結果是舉起笨重的東西。

及至八月時，我可以蹲舉八八．五公斤。我的阻力帶調到令人敬畏的五級。

「妳的故事是什麼？」有一次上課時路易士問說。

「什麼意思？」

「我是說，妳為什麼在學校不是個運動員？妳是天生運動員。妳知道的，對吧？」

我臉紅了。路易士和我通常不怎麼聊天。我們運動時十分專注，我很欣賞這點。我們只有在必要時才講話，通常是討論姿勢或機器。

「妳有嘗試過運動嗎？發生了什麼事？」

我聳聳肩。

「或許身為印度人，運動並不受到鼓勵？」

「我曾經參加田徑隊。還有網球隊。」我遲疑地說，不知道接下去該說什麼。

「讓我猜。妳爸試圖指導妳。」

我瞧著他。「你怎麼知道？」

「我見過太多了。父母對自己的小孩吼叫。他罵妳嗎？」

我點點頭。

「叫妳做些妳不想做的事？」

我再次點頭。

「以至於妳忘記運動的樂趣，是嗎？」他搖搖頭。「我看到這種老爸時，肚子就一把火——這麼做的幾乎都是爸爸。斥責小孩。羞辱他們。老天，我看過小孩因而受傷……」

他說話時，淚水模糊了我的視線。我想起我爸強迫我在附近的田徑場跑步，說是可以解決脛骨疼痛。我想起他吼叫著要我在網球場上，球第一次彈起時便接到。我聽話了，因為腳痛好過他講話傷人。

「所以在難過時，我從來不說。」我不知道原來自己大聲說出口了，直到我看見路易士臉上的表情。

不只一次，路易士在用繃帶幫我包紮手腕或膝蓋之後，問我為什麼不早點說出來。此時他用憐憫的眼神看著我。

「聽著，」我很快地說。「我不喜歡怪罪別人——」

「不，我懂。聽好，小姐，我要妳幫我一個忙。」

「好的。」

「我要妳在訓練時對自己好一點。我通常不會跟客人這麼說，可是妳……妳可能會傷到自己。我對妳的進步感到驕傲，相信我，可是我希望妳健康。不只是健身，而是健康。健康比健身更重要，妳知道的。」

又一句值得收藏的路易士格言。

我思索著我一向對自己極為嚴格。雖然我爸早已脫離我的人生，他的聲音仍在我腦海裡揮之不去。

我開始跟自己重述路易士的話。

溫柔。

善待自己。

健康比健身更重要。

這些話對我而言很新奇。它們取代了冷酷的話言。在難過時，我會說出來。路易士並不會失望或輕蔑。他真心對待我，這讓我真心對待自己。

傾聽自己的身體，並不是什麼新鮮事。我已在這副軀殼裡住了快要四十年，可是每當身體想要發言，我就會生氣，不滿它在主張自己的權利。

我對待自己身體的態度和父親對待我一般。我嘲弄它，蔑視它，叫它閉嘴聽話就好。我不想聽它要說的任何話。我認為我的職責是超越肉體。但它不合作，總是抗拒我，頑固而無用，就像父親以前對我的看法一樣。

「身體好嗎？」路易士看到我都會這麼問。我聽到的其實是，妳好嗎？妳真的好嗎？路易士不要我營造好印象。他要知道我的感受，事實的靶心，而他不會為了我的感受而懲罰我。

27

我媽臉頰上的細毛沒有再長出來。我在柔依上二年級的第一天幫她準備時，忽然想起這件事。

我媽的手顫抖得很嚴重。她無法使用拔毛鑷子。她已經和我們同住三個多月了。哪一種毛髮不會再長出來？

送柔依上學後，我上網查醫學知識：甲狀腺疾病，內分泌失調。我所查到的都不符合她的情況。我最後查到一個奇怪的地方：一個討論飲食失調的網站。我看到「胎毛」（lanugo）這個字，我記得在生柔依的時候知道這個字。這是新生兒身上的細毛。它會在晚期的飢餓長出來，呈絨毛狀。蒲公英絨絮。

我嚥下口水。我在搜尋欄輸入「身體失能的飢餓徵兆」。一個醫學網站跳出來。眼睛發黃。喪失方向知覺。喜怒無常。疲累。不耐寒冷。長出細毛或胎毛，因為身體企圖保暖。

母親虛弱到她的身體開始自己長出毛毯。

我想起她沒有方向感，找不到路去洗手間。我想起她對我吐舌頭，指控我對她下毒。我以為是她的阿茲海默症。我以為她是在經歷一個很糟的階段，心情輪盤沒有轉到配合我的地方。

當人生不合理時，我們會跟自己說些奇怪的東西。我媽宛如枝條般的前臂或者她開朗的笑聲。發黃的眼珠或者任性發脾氣。我們忽視其一，而注意其二。我們假借一致性的名義這麼做，無視眼前的證據。如果她在同一天發起絕食抗議，又和柔依講笑話，她的情況不可能有那麼糟糕。我這麼跟自己說。她已不再有發言人，因此我毛遂自薦地充當。

她來家裡的第一天下午，她的眼珠無法對焦，我差點打電話叫救護車。但我沒有那麼做……為什麼？不是因為她的情況沒有那麼糟糕，而是因為我無法想像她去住院。

她的身體一直在發言，可是我不想聽。

那一天她瀕臨死亡邊緣嗎？情況似乎荒謬。

妳想要住院嗎？我問她。

她以前也曾問過我相同的問題。

她有多接近死亡？

我有多接近死亡？

這些問題無法用輕鬆答案打發。事實有無窮無盡的詮釋。阿茲海默症、維生素不足、飢餓：何者為因，何者為果？自殺的念頭：是絕望的求救抑或隨口說說。人在什麼時候才有危險？

我媽和我都沒有做出應有的反應。當我在青少年時期想自殺，她看著我彈鋼琴。當她失去意識，我幫她做了一份點心。我們的反應糟糕透頂，是出於恐懼的回應。

照護者理應客觀。你越是愛所照顧的人，便越做不到這點。畢竟，照護與養育子女不是單一的活動，而是綜合活動。你擔心、協助、餵食、清理、鼓勵及觀察。你看到好的一面越多，便更傾向如此認為。「她沒有那麼糟糕」其實是在說「我沒有那麼糟糕」。「她的情況還不錯」是在說「我做得還不錯」。

我沒有看清楚我媽。我以悉心照顧她而感到自豪，她的眼珠如今清晰明亮，她的情緒比較少波動，她的體重回復健康。我想要相信她好起來了。真的是嗎？

「妳會沒事的，」在我陷入憂鬱時她跟我說。她必定是為了她自己以及我的緣故才這麼說。愛意致使照護者對於危險盲目。承認危險等於承認你可能失去所愛的人。

在我適應母親的需求的過程中，我了解到她永遠無法再獨自居住。這項領悟應該是立即顯而易見的，卻來得躊躇游移、跌跌撞撞，像句反應遲鈍的「喔」。

我跟哥哥說我們應該賣掉她的房子。她煩惱她的房子，擔心她忘記鎖門或是關掉爐火。我哥不願意。「如果我們賣掉房子，就沒有B計畫了。她必須跟妳一起住，或是去住安養機構。」

「沒錯。我想情況就是如此。」

「嗯，可是如果你們要去旅遊……我是說，目前，我們可以設法讓她住在自己家裡，我去探望她，帶食物給她……」

「她就是這樣才會體重掉到三九．五公斤！」

「如果你去度假的話，她的體重想必不會減輕才對。」

我嘆了一口氣。「想必」是我哥會用的言詞。他是個問題解決者。他不會受到情感震撼或被撥動心弦，對於情況的細微之處並不敏感，而那些細微之處對我造成長久影響。這不是說他不仁慈。他很慷慨，很關心人。他只是不想在他的家中照顧媽媽。

我明白，我不怪他，是我把她帶回我家，但這項決定對他亦造成影響。親情因人而異，我無從加以評判。我多年未曾與父親聯絡，把他排除在我的人生之外無須多費功夫，但卻是一項選擇。

九月時，我哥同意出售母親的房子，條件是，萬一諾亞與我需要休長假的話，我們要做「安排」。我同意了，想都不願去想那些安排是什麼。我哥找了房地產經紀人，把我媽的家具捐出，迅速處理她的物品。套用他自己的用語，這是他「加值」的方式。

「妳哥不能照顧妳媽一兩個月嗎？」朋友問。我想要維護他的界限、他所做出的決定，或許是因為我知道這種界限是多麼困難才設立起來的。「那不成選項，」我回答。

我跟父親疏遠，母親則跟她自己疏遠，我不想跟哥哥也疏遠。

他還是偶爾跟父親見面。我相信他會尊重我對父親設下的界限，如同我尊重他對母親設下的界限。很多時候，手足都是相反的，像陰陽兩面。我們彼此無法溝通。一個人的道理對另一人講不通，我們也不應該期望講得通。

29

「我不可能做到的。」

「你們是聖人。」

「願上帝祝福你的家人。」

當我告知我媽搬進來與我們同住的消息，朋友鄰居大加讚頌，卻令人不悅。這些讚美並不符合我的現實生活。

我回想起柔依還是嬰兒時，陌生人跟我搭訕。「此時不正是最好的時光嗎？」人們會這麼說。「妳必然開心到要飛起來？」正在對抗產後憂鬱的我，無法同意。

「實際上，」我此時堅持說，「我很享受和母親相處的時光。」朋友們懷疑地抬高眉毛。他們問說我是否適應。他們問說是否有人協助我。我初為人母時，為什麼沒有人問這些問題？

我們或許應該改變說法，跟新手媽媽說她們是天使。「我不知道妳是如何做到的。」「妳有足夠的協助嗎？」「老天，」我們應該大吃一驚地說，「妳所做的真了不起。」

對照顧年邁雙親的人，我們不妨說：「與他們相處的此時不正是最好的時光嗎？」因為當我和我媽一起遛狗時，當我看著她與柔依玩牌戲時，我才覺得自己真的很幸福——工作有彈性讓我可以照顧她，家裡有空房間，配偶同意這項安排。

我從未想過照顧老邁的父母會有好處，或許因為這背離美國傳統的生活安排。美式做法應該是比較理想的。我向來如此認為。照顧我媽之後，我開始贊同印度等國家非常不同的家庭生活模式，多世代家庭是很常見的。老少同住一個屋簷下，需要協助的人便可得到幫忙。

孟買的外婆從來沒去住過養老院，儘管她有失智症。我哥訴說她的故事，讓我覺得很有人情味，表親滿堂，還有親朋好友。不是每個人都對外婆很好，不是每個人都知道該如何幫忙，可是照顧她的責任從來沒有落在一個人身上，就像我哥小時候，親戚們一起照顧他。我這才明白現代美國家庭有多麼寂寞。

雖然照顧家人讓人獲得回饋，還是有辛苦的時候。我朋友說我是在做善事，但我不認同他們的看法。屋頂漏水。洗衣機故障。在我申請研究員即將截止的那一周，柔依發高燒。我希望善事與現實生活之間能有關聯。就屋頂而言，顯然沒有因果關係。柔依發燒到攝氏四十度，兩眼發愣。我照顧她，照顧我媽，找人來修屋頂，做素食，清洗堆成小山的衣物，整晚熬夜趕申請期限。我覺得快撐不下去了。確實也是如此，而這就是人生。

可是現在，不像住在西雅圖時，我不再恐慌。初為人母時我覺得不堪負荷的那段時間，跟我在健身房的時間一樣產生相同作用。我因此變得堅強。我現在知道我可以承受多少負擔了。

30

有一天下午，在幫我媽和柔依做放學後的果昔時，我聽見她們在講話。柔依跟外婆說的事情都是她不曾跟我說過的。我很震驚。

當下我懷疑自己是否有好好傾聽女兒的話，是否真的有獲得她的信任。和她在一起時，我總是在做別的事情（煮飯，打掃，照顧外婆）。當她說話，我總是在留意警訊——她是否遭受霸凌，她是否不受關注或被過度關注，身為父母，我是否需要做得更多。

兒童不曉得如何編輯故事或是如何講到重點。有時根本沒有重點，就像她想要分享的故事，她想要大聲說出來的話，她自己也不知道是為了什麼理由。

外婆接收到這些話。她沒有在做晚飯或者趕最後期限。她聆聽，點頭。我不可思議地看著。跟我講話時，柔依聳聳肩，說「學校沒事」。跟外婆講話時，她詳細敘訴下課時間，還有音樂與體育課。

我回想起，小時候我從沒跟我媽聊過心事。我們之間的魔法門是很久以後才開啟，在我離家之後。在她和父親離婚，在她的負擔減輕之後，她才有更多時間陪我。

我喜愛柔依與她的外婆之間的獨特情感，但看著她們兩人卻令人痛苦。我不由得心生嫉妒。我也懷疑自己忙得暈頭轉向之際，究竟有多少時間陪伴女兒。

31

有一天早上，我媽自己泡了一杯茶。我欣喜若狂。經過數周指導她方法（「我們把湯匙放在這裡」；「茶壺是這樣用的」）、數周不確定她是否記住任何事（過了一個月，她還是找不到馬克杯）、數周懷疑自己為何白費力氣，看到她終於辦到了，真是值得慶賀的時刻，就像柔依踏出第一步的時候。我傳簡訊告訴諾亞這個消息（她自己泡了一杯茶！），他無法置信。

這件事同時讓我們面對現實。

「妳自己泡了一杯茶！」我誇讚地說。

「真的嗎！」她面無表情地回答。

她不記得自己做了，說不出來仍有餘溫的馬克杯為何會在她手中。這項成就標示著一個日益縮窄的空間上限。

以前行醫救世的這個女人，現在除了泡杯茶，什麼也做不成。這是苦樂摻雜，就像在海邊蓋沙堡一樣，一切成就訴說著即將被抹去。

泡茶這件事幫我了解到自己的情況。我無從判斷母親的病情，無法了解我們的生活安排有什麼意義，可是泡茶這個小事件是容易處理的。它給了我一個故事，給了我一個（對他人與自己）說明難以言喻之事的方法。當故事的其他內容不得而知時，它給了我幾個句子。

阿茲海默症具毀滅性，因為它消除了一個人的故事。清理得一乾二淨。光是這個病名在我看來都很貪婪。令我不悅的是它的撇號（Alzheimer's），那個代表所有格的小逗點。它把你所愛的人從你身邊帶走。我媽不再屬於我。她屬於她的疾病。

我與她共處的時光便是對抗那個撇號的方法。泡茶的插曲給了我一個故事，讓我得以宣稱她的所有權。海洋的力量或許令人畏懼，但是沙堡對抗了那種力量，即便稍縱即逝。它的美麗比短暫更為動人。

我無法理解我媽是怎麼了，那種失落的海嘯，但在這個時刻，我們一起在廚房裡喝茶。即使她不記得，我會記得。這已足夠讓我撐到明天，還有後天。

32

對我來說，最辛苦的時候不是我媽發脾氣或吼叫。我已經習慣那些了。最辛苦的日子來自於跟一個沒有自知之明的人共同生活的小困擾。

她偷拿我的內衣。

她使得離開家門的時間延長了二十分鐘。

她哼著不成調的曲子，快把諾亞逼瘋了。

還有，她的護齒套。

她把護齒套從她的臥室拿到浴室去消毒。因為記憶衰退，她一天會做個四遍、五遍、六遍。她拒絕把它留在浴室，堅持拿來拿去。小塑膠碟裝滿綠色消毒液，都溢到碟子邊緣了。她用顫抖的手拿著，展開驚險的橫越走廊之旅。液體飛濺到硬木地板上。我像個侍酒師一樣跟在後頭，輕擦、輕擦、再輕擦，想著我過的生活，以及沒那麼糟糕的情況是否真的那麼棒。

33

「如果我要住在這裡，我要繳房租。」

「媽，我們不會跟妳收房租。」

「可是，我必須出錢才行！」

「諾亞和我樂意這麼做。」

「你們現在會這麼說，因為我只來了幾個星期。等到幾個月後，你們會做何感想？」

早就已經幾個月了，可是我不想糾正她。我只是聳聳肩說：「到時候再說吧。」

我媽變得對錢更加執著，而且阿茲海默症扭曲了她的觀感。「我給了妳哥好多錢。他占我便宜！」她有時會塞給他二十美元做為買飯錢。她扭曲的記憶把二十美元放大為數千美元。她在半夜狂發電郵給他，指責他偷走她的錢。所以我一毛錢都不會收。我不要她把矛頭指向我。

「如果妳不讓我付房租，至少讓我幫忙做點家事。吸地板，撣灰塵。妳知道我喜歡打掃。」

我猶豫著。自從離開西雅圖以後，我就不太愛整理家務。老實說，我需要有人幫忙。

我交給她一把除塵撣。她看起來很高興被指派了任務。一個小時後，我瞄了一下樓下，她還拿著撣子，哼著曲子。誰在乎她是不是把同一個銀相框撣了五遍？它一塵不染；我可以做完一些工作。我好開心。

翌日，我讓她到另一個房間去撣灰塵。後天，我給她一些紙巾和穩潔去擦落地雙扇玻璃門，門上的玻璃因為洛拉好奇的嗅聞而變成污漬馬賽克。我媽把玻璃擦得閃閃發亮。「我應該去做女傭才是！看這有多乾淨！」她驕傲地宣稱。

那天下午，她叫我幫她修理她的iPad。我打開後發現一則寫到一半，要寄給一名遠房表親的訊息。請求救。我女兒虐待我。她利用我！我在這裡當奴隸。我震驚地看著我媽，然後倉促地關閉訊息框。我重新連線Wi-Fi。

要寄出去的那則訊息咻的一聲寄走了。

隔天我媽問說她可以做些什麼，我告訴她不用費心了。我不會收她的錢，也不會請她做家事。我希望她和我們在一起的故事是快樂的，好到她無可抱怨的故事。

及至十月，她已經安定下來。她的房子賣掉了。我們把她最喜愛的物品帶過來給她。她已不住在客房，而是住在她的房間。她不再問說她要不要出一些家用錢。

不過，她還是有無窮的憂慮。她詢問房仲經紀人的佣金以及她的家具。她的問題全是為了她自己的利益。她不想知道賣掉她的房子是否帶來麻煩。她要確定自己得到應有的金錢。「太可笑了！」我跟我哥抱怨。「你以為她至少有一絲感激！相反的，她要確定我們沒有訛詐她。」

她的退休金原封不動。她是個生活簡樸的醫師。不度假也不購物。她穿的衣服是她的子女留下來的，包括我哥一件一九八六年Members Only品牌的灰色外套，幾年前我實在看不順眼便捐出去。她到現在還會問，「那件好看的灰色外套去哪裡了？」

她沒有房貸，她的房子是用現金買下的。一棟樸素的平房，周遭都是一模一樣的平房，它讓我感到沮喪，不是因為房子很糟，而是因為它代表的意義：節儉勝於享樂。她從來不喜歡那棟房子。她喜歡的是價錢。她唯一的揮霍是購買長照險。她買的是最頂級的保險。對於人生，她是個小氣鬼，可是對於死亡，她花錢很大方。

終其一生，她都在未雨綢繆。她太過忙於預備下雨天，以致從來沒有停下來感受太陽。你會以為她嚴謹的準備意味著她終於可以放鬆了，但是對她來說沒有大到足夠的雨傘。

晚上的時候，我聽見紙張窸窣聲：她把富達（Fidelity）基金績效報告和德美利證券（Ameritrade）列印出來的單據攤開在床上，重新排列整理。她的理財接龍遊戲並未給她帶來歡樂。她執著地在空白處寫下註記。由於手抖，註記模糊難辨。筆跡有一種瘋狂的感覺，彷彿是在被電刑時寫下的。

在一開始照顧她的混亂當中，我沒有想到錢的事。她有需求，而我加以滿足。我買衣服、家具、老花眼鏡、矯正鞋，任何讓她更加舒適的物品。諾亞和我並不介意，可是過了一陣子以後，尤其是現在她很舒適了，我們的耐心也快耗盡了。

她吃昂貴的進口布拉塔乳酪，可是我們去乳酪店時，她卻宣稱自己有乳糖不耐症。她大吃我留下來要幫柔依做她喜愛的瑪芬蛋糕的香蕉，可是我帶她去店裡時，她卻拒絕買香蕉。

她按照自己的作息時間，中午起床，晚餐時還穿著睡衣。她離開房間時不關燈，接受我烹煮的食物卻沒有一句感謝，列出她要我去採購的物品清單（球鞋，毛衣，襪子，胸罩）。她不看我從圖書館幫她借來的書，我幫她找的馬拉提歌曲YouTube影片。每個人都跟我說，音樂能夠為阿茲海默症患者帶來愉悅。跟我媽說說看吧。她唯一的消遣是鑽研績效報告，計算再計算她的錢，寫下各種加密註記，確保一毛都不少。

這種行為屬於異常嗎？哪些是阿茲海默症的問題，哪些是她自己的問題？

我總是透過我媽工作的角度來看待她：獲得好評的精神科醫師，支持她的病人。我認為這是她的決定性特質，因為那對我意義非凡。藉由放大她的惻隱之心，我讓自己也感受到，算是一種的替代性同理心。她站在病人那一邊。所以，她站在我這一邊。

坦白說，我媽不是有同理心的人。「只是藥物有效罷了，」每當病人稱讚她時，她會這麼說。我以為她是謙虛，但她是說真的。

當一個人向你展現她自己，你應該相信她，可是我卻向後倒去看另一面。專注在對於無私母親的幻想，我選擇對一切視而不見。

她很冷漠，她從未捐錢給街友或慈善機構。她給小費很吝嗇，對陌生人很無禮。她在付錢給人家時，拒絕肌膚接觸。最後一項讓我很痛苦，因為雖然我總是可以在餐廳桌上多給一些錢或是放錢到人行道上遊民伸出來的紙杯，雖然我可以代她對人表示和善，在付錢的尷尬時刻，我卻無能為力。她把鈔票或信用卡放在櫃台上，刻意忽視人家伸出來的手。或許這是因為她是貴族階級出身，以及種姓制度對於「賤民」的不當看法，但是即使她在美國住了數十年，依然選擇做出那種行為。若是沒有地方可以擺，她會握著鈔票，盡可能遠離收銀者的指尖。我感受到對方的挫折，他們當下變得渺小。

在她看來，我才是異常。我捐錢，做志工，給太多小費，對人太客氣。我因為缺乏矜持令她感到難堪。有一次，我向她勸說服務人員很依賴小費。「喔！」她說。就沒了。這個字之後是一陣沉重的沉默，就像你給她看一件已經過了退貨期限的家具。

她大多不會說出她的想法，不過有時還是會說溜嘴。「離開那個愛滋地方時要洗手，」我高中時去一個安寧照護機構當志工，她這麼勸告我。「把妳的衣服直接丟進洗衣籃。跟那些人在一起最好要小心。」

那些人。那些話讓我對她感到不安。那些話不符合我腦海裡的媽媽，那個對他人有著無盡同情的人。

我不想要我媽變成那種人，但是她正是那種人：傲慢、自我中心、偏見，而且以她自己的廉價方式——勢利。把她看得一清二楚，意味著失去她存在我腦海中的理想版本。

35

我媽和我卸下偽裝之後，我發現自己什麼事情都敢問她。「如果妳向來的計畫都是要回去印度，為什麼妳要說妳來美國是為了給子女機會？」我問。「我不想告訴妳那是個意外，」她靦腆地回答。

我提出小孩時我問的各種細瑣問題。露比真的不用狗鏈，便跟著她回家嗎？「或許是佣人抱著牠，」她坦承。生產呢？真的不痛嗎？她輕笑。「如果我不記得任何疼痛，或許我做了無痛分娩。」

有一天，我想到要提出最巨大的問題。「媽，」我慢慢地說，「妳是怎麼知道妳想要當精神科醫師？」

「我不知道，」她立刻回答。「我想做個婦產科醫師。」

她解釋說，她患有姿態性低血壓（postural hypotension），也就是說她長時間站立會感到暈眩——這讓她無法執行剖腹生產手術。做不成夢想工作後，她妥協成為精神科醫師。

「那樣我便能坐在椅子上，」她說。

之後的數日，我都處於震驚狀態。就算有鄰居招認犯下謀殺案，我滿腦子也只想到我媽想要當個婦產科醫生。

「精神科完全不吸引我，」她坦白說。「太多問題了！聽人們講話很乏味，你知道的。嬰兒至少是快樂的泉源。」

這是最後一根稻草，最後一片拼圖，讓我明白我對她的看法有多大的自我欺瞞。我對她的認同的核心竟然是個意外！她成為精神科醫師是為了可以坐著！

她從來沒有為我著想。她的行進路線不是一條直線。

「我有時會想為什麼我沒有回去印度，」有一天早上喝茶時，她說。「留在這個國家，妳知道的。就是……碰巧而已。」如果是在小時候聽到這句話，我會有多麼驚訝啊，知道母親是那種順波逐流的人，以及這種做法也是可行的。

她想要給我一種錯覺，以為她知道自己在做什麼。我以前也曾經想要給我女兒這種錯覺。我在懷孕時寫給她的信便是為了這種目的：看妳有多麼受到寵愛啊！看我始終為妳著想啊！只不過，如同我後來發現，這些信是為了我自己而寫，為了讓自己融入新角色的方法。

對母親的看法，是我欺騙了自己。我亦任由她欺騙我。但是，這不是說那些錯覺都沒有意義。我媽的老故事或許充滿錯誤（當時沒有日托！）可疑地缺乏細節，不過，它們定義了她這個人。它們未必是真實的事件，可是對她而言卻是真實的。身為作家，我應該更加清楚才是。我比任何人都應當明白，一個故事未必是正確的，仍可以是真實的。

如今，錯覺已被消除，我懷念我虛構的母親。我懷疑她也想念她。

我照顧她的生理需求，但是在我的照顧下，她變成了什麼人？她已不復往昔的身形。她更為強壯，可以不用攙扶上下樓梯，可以在散步時走更長的路，可是她已沒有以前的傲慢。

或許我們的故事是真是假並不重要，重要的是，那是我們的故事。

36

「我想要搬回紐澤西州，」她有一天宣佈說。

「紐澤西？」我問說。「媽，妳在說什麼？」

「我不能永遠跟你們住在一起。」

「可是……妳不能獨自一人生活。」

「這我明白。紐澤西州有養老院。印度養老院！有印度料理與電影，什麼都是印度語。」

「妳是指專門講馬拉提語的地方？」

「或者印度語！我會說多種語言，妳知道的。旁遮普語，古吉拉特語。那樣的話，我便可以吃我喜歡的食物。」她悶悶不樂地戳著我晚餐做的牛肝菌義大利麵，這道菜色先前獲得她的高度評價。

我想要爭辯說紐澤西州路途太遙遠了，萬一發生什麼事，我不能過去幫忙。然後，我提醒自己，重點不是要相信她。重點是讓她覺得自己的話有被聽見。「嗯，」我說。「那確實是一個選項。」

因為我沒有反駁，她開始不斷提起紐澤西。她狂熱地描述。「住在紐澤西的時候，是我人生最快樂的時光。我身邊有表親和朋友。有好多人！」

我把想要回嘴的話硬生生吞下去。別提她已經好多年沒見過她的表親了，她在離婚後便不再跟很多親戚講話，堅信他們不贊成她。別提她對那段時光的快樂聯想或許源自於離婚後的自由。別提紐澤西是一整個州，而她只住在其中一個小角落。她在編織一個故事，細節並不重要。

她的故事越來越荒誕。她告訴我，她以前去散步時遇到「好多好多的印度人。」這絕對是錯的。她住在一個有門禁的社區，絕大多數都是白人，鄰居叫瓊安和鮑伯。「我總是走路去印度餐廳！」她如夢似幻地說著。「大家都跟我打招呼！」

晚上，我跟諾亞抱怨這個紐澤西神話：印度版芝麻街，朋友與點心無邊際的地方。「那裡的艾蒙（Elmo，編按：美國兒童電視節目《芝麻街》裡的布偶角色）或許拿著一托盤的薩莫薩咖哩餃，」我發牢騷地說。

然而，無論我有多麼不滿，無論她的故事有多麼可笑，我都不會糾正她。我不會提醒她瓊安與鮑伯。我不會指出最近的印度餐廳在數哩之外。「聽起來很棒，媽，」我會說。

「是啊，」她嘆口氣說。「真的是。」

我知道故事的意義，尤其是那些非真實的故事。

37

六年級時，我們班上去兩天一夜的校外旅行。多年後，我已不記得老師的名字，卻還記得那個地方的名稱：霜之谷（Frost Valley）。這個地名本身似乎就閃爍著令人期待的光芒。

我不知道為什麼我們會去，我無法想像這趟旅行的用意，我只知道我完全沒有準備。我從未去朋友家吃晚飯，更別提過夜了。「我可能必須用叉子才行！」我跟我媽說。她笑著說：「老天，沒錯。」我習慣用手吃飯。

印度吃飯的方式很合理：右手把食物捏起來，左手保持乾淨去拿飲料杯及餐具。我在學校吃三明治沒有違反這個方式，偶爾在生日派對吃片披薩也沒有。霜之谷或許是為了讓我們認識自然與團隊合作，但在我來看，那是美式風格的測驗。我沒有理由相信自己會及格。

在巴士上，小孩們興奮不已：遠離父母，處在新環境，可以眉來眼去。似乎沒有人害怕雙層床和餐具，除了我以外。當巴士駛上陡峭積雪的山坡，大家胡扯說有熊有鬼，男生想把女生嚇得尖叫。我看著這一切，心裡不斷往下沉。

學校是書本、考試和舉手的地方，我在這種生態活得很好。我不知道自己的信心從何而來——事後回想起來，似乎是錯覺——不過我抬頭挺胸。我不是玫瑰花，美麗與受人讚美，可是我伶牙俐齒，並且知道如何發揮，這在六年級很了不起。我猜想我像是捕蠅草：有些令人畏懼，並得到適當的尊重。

當巴士開上坡時，我慣有的信心不翼而飛。進入山中令我不安。

那天下午，我們開始第一項活動：雪鞋健行。其他小孩有雪褲和標籤五彩繽紛的滑雪外套。我什麼都沒有。

我媽忙到無心顧及這次的旅行。我研究學校提供的清單，上頭有些奇怪的用品（衛生褲，羊毛襪）。我只好盡可能即興演出。當我媽看著我的行李袋問說：「所以，妳東西都帶齊全了？」我除了回答是的，還有什麼選擇呢？

雪滲進我的棉襪。弄濕我的網球鞋。其他小孩玩得不亦樂乎——扔雪球，大笑——我則冷得發抖。當我絆到而跌倒，麥可．杜莫（Mike Tumo）跳著朝我跑過來。

麥可．杜莫和我有著難能可貴的友誼，運動員與書呆子。因為姓名字母順序，我們在教室裡總是坐在隔壁，長時間培養出友誼。「妳還好吧？」他說。他因為跑步，臉頰紅通通的。褐色眼睛流露著擔憂。我搖搖頭。

很快地，一名老師把我扶起來，帶我回到室內。我放心了，可以遠離所有人。「妳會痛嗎？」那位老師問。

「我沒事。」

「妳想要回到外頭嗎？」

「不要！我只想……嗯……我動的時候就會痛。」

我還沒有大到知道如何假裝受傷。我不想引起騷動，可是我不知道如何解釋真正的問題。我沒有適當的裝備及適當的父母。原本應該是有趣的出遊，讓人覺得絕望。不曉得要怎麼說這些，老師檢查我的膝蓋時，我便發出嗯嗯唉唉的聲音。

「看起來沒有腫，」他說，神情憂慮。「我猜不是骨折。或許只是扭傷？」

「對！」我說。「是這樣的，我以前也曾經扭傷。」

「真的？」

「嗯，對。兩個月前。」

「妳有去看醫生？感覺和這次一樣？」

我猛烈地點頭。

可憐的人。他無疑是害怕後遺症：憤怒的父母，可能吃上官司。我想要告訴他，我的父母不是那樣。他們從來不會跟老師做對。我想要告訴他，不必擔心，我只想一個人待著就好，可是小孩子說不出他們真正想要的。他們只會被說服而放棄。

繃帶纏了好多圈。枴杖也拿來了。「這樣好多了，」我說，蓋著毯子坐在窗邊。「這真的幫了大忙。感謝你。」

拄著枴杖，我覺得更有能力。我可以參加我喜歡的活動，例如，坐著講話之類的。我很擅長坐著講話。

我被允許不參加我害怕的事情：奇怪的美式遊戲、戶外活動。我不知如何解釋為什麼我沒有做過那些事。例如，我不想告訴別人我無法要求父母幫我買雪靴。人們會以為我們買不起。

我哥在讀大學。我沒有想到打電話給他，問他的意見，如同我沒有想到請霜之谷的工作人員借我一件冬季大衣。我只知道那對枴杖救了我，它們讓我不必結結巴巴地說出我不知如何講述的故事。那對枴杖成為我的支柱。

從我坐的地方，我可以看到每個人。我注意到，雖然杜莫假裝跟妮可嬉鬧，就像所有男生一樣，其實是在看著可琳。晚一點的時候，我要問他這件事。我注意到兩名老師含情脈脈地對望，尤其是在穀倉舞的時候。我在椅子上眼觀四面。我發現自己喜歡觀察事物。

回家以後，我媽對我的膝蓋不甚在意。我確定她在某個時候有看了一眼。或許她曾經帶我去看醫生。我記得的是，她相信我。當我跟她說，我好多了，她說：「好的。」

我爸則是另一回事。他猜疑地看著我。「妳可能只是想要引人注意，」他說。「女孩總想要人注意。」

我不是。我討厭大家看著我在學生餐廳跳來跳去。如果你從來沒用過的話，枴杖並不好玩。我的腋窩疼痛。我的三頭肌痠痛。我不想成為被注目的對象。我只是那一天想要避開雪地，之後我覺得必須繼續假裝才行。

我父親不肯放過我。他一直想要把我揪出來。「我想是妳的左膝受傷，」他會說。

「不對，是我的右膝。」

「媽媽說妳不能彎曲膝蓋？」

「對。」

「妳在學校裡一定得到許多同情，是吧？」

「不盡然。」

我想我再撐個一兩天。如果我可以撐到周末，我便能在星期一不用枴杖去上學。

星期五早晨，我的房間門把在黎明時發出轉動聲。本能告訴我保持靜止不動。我的眼睛輕輕睜開一條縫，看見我爸走進房間。

他站在我的床尾好長一段時間。我保持平穩的呼吸，盡可能模仿熟睡的人。他掀開床尾的被子，用手伸進去摸索。

當他抓住我的腳，我的心臟劇烈跳動，但我沒有做出反應。我沒有坐起來說：「你到底在幹什麼？」那個時候他可能對我做出任何事，而我說不出一個字。我實在太害怕了。

他把我的右腳舉到空中，試圖彎曲它。我把腳硬撐著。他更大力試一遍。我的膝蓋並沒有彎曲。他放下右腳，舉起另一隻腳，好的那隻。我讓他把腳折彎，他接連試了幾次。他嘆口氣，然後離開。

那天晚上吃晚飯時，他清清喉嚨。「今天早上妳還在睡覺時，我進去妳的房間，」他說。

我抬起頭，裝做一臉不知情。「有嗎？」我眨眨眼。

「我舉起妳的右腳，號稱受傷的那隻。結果妳知道嗎？它彎得很好。」他吃了一口食物。

我不可置信地望著他。我知道我把那邊的膝蓋撐得很僵硬。我記得他挫敗地嘆氣。

「睡著時膝蓋好好的，醒來時卻不好了……很奇怪，不是嗎？」他看著我媽。

她不做回應。他時常試著陷害我。她大多不予理會。

「所以，妳有什麼話要說的嗎？」他緊迫盯人。

我低頭看著餐盤。我想要跟他說，他在撒謊，那段時間我一直是醒著的。我可以說出整件事——他站在我床邊，等候著，想要確定我是睡著的。他當真以為我在他做柔軟操時是睡著的？

我想要罵他，卻做不到。一部分原因是，我害怕。頂撞我爸是徒勞無功的事。他會問我為什麼假裝睡著，指責我說謊，開始對我吼叫，然後我會為了講出來而後悔莫及。

不過，主要是因為我感受到以前未曾有過的情緒：憐憫。頂撞他感覺很殘忍。他需要這個謊言。我了解這點。我並不尊敬他，可是我尊敬他的故事。

「很奇怪吧，我猜，」我聳聳肩。

我媽投給我一個小小的微笑。

我又拄著枴杖一星期。反抗他向來都不有趣，可是看著他發火，喃喃自語，無法奪走我的故事——這算是一種勝利。

故事是沒有人可以跟你奪走的東西。無論他如何在家作威作福，統治我們的生活，甚至我的身體，我可以做些什麼、不能做些什麼，故事是連他都不可碰觸的東西。

38

我一直很難做到的一件事是聽從路易士的忠告，在健身房放鬆一點。我爸的聲音在我腦海揮之不去，說我沒用又軟弱。有一晚在做跳箱時，我無視腳部的緊繃，腳踝發出啪的一聲。結果我的肌肉撕裂了。

等到我回家時，我的腳已無法使力。諾亞從車庫裡取來一對枴杖。

翌日早晨，我媽看到我倚在枴杖上，腳上敷著冰袋，她只短暫停頓便慢步走進廚房。她沒有問諾亞發生了什麼事。吃完早餐後，她坐到我身邊。「你覺得如何？」她問說。

有人說，阿茲海默症近似即興劇場。我媽沒有問發生了什麼事，因為就她所知，我已經拄著枴杖好幾天了。接下來數周的時間，她的提問都是謹慎措辭。「還好吧？」「會痛嗎？」她不會明說身體部位，不會問我的腿，因為她只知道可能是腳也可能膝蓋受傷。就即興表演而言，我媽堪稱王牌。

畢竟，她受過評估阿茲海默症的專業訓練。她以前可是決定病患是否需要住進安養機構的人。她知道所有的技巧。天性驕傲的她，不會承認無知。她絕對不會說：「抱歉——我不記得你為什麼拄枴杖。發生了什麼事？」她不會道歉或承認缺點。她要取得控制權。「你覺得如何？」即使她是病人，仍扮演醫師角色。

每天早上，我看到她的神色出現連串反應：最初是對我的枴杖感到訝異，接著迅速恢復，精明地算計著要挑選什麼用語才不會顯露她的不知情。「還好吧？」「妳會痛嗎？」

枴杖曾經教會我故事的重要性，如今卻剝奪了我的一個故事。我告訴自己，我媽在我的照顧下越來越好，她能跟我們一起住真是太幸運了。但是，我並未培養出她的獨立性。我培養出的是她對我的依賴。

太強壯也可能是一種弱點，路易士曾經跟我說過。我終於明白他的意思了。我為母親進行代償，在她的生活扮演過大的角色。我變成了她的枴杖。

我在青少年時期對於枴杖的探索令人振奮，如今卻讓我沮喪。我明白我是多麼努力在扶助她。我媽的情況比我想像的來得糟糕。

39

「她的狀況與測驗不符合。」這是辛希醫師的說法。

每次我們去阿德勒中心，開車到康乃狄克回診，我媽都會接受簡短智能測驗。最高分數是三十。低於二十四被視為警訊。我媽得到十多分。

「我不確定自己是否有了解，」我說。「她的分數……妳覺得沒有正確反映她的失智症？」

「她考得很好，或許是因為她習慣實施這項測驗，或許她就是很會考試。無論什麼理由，她的症狀與分數不符合。」

「妳是指什麼症狀？」

「把東西藏在奇怪的地方，囤積食物，衛生變差，更常睡覺。這些妳都有提到。」

真奇怪。聽到醫師對我複述我媽的行為，改變了它們的意義。這些小事變成臨床診斷。最近，我媽會把錢包藏起來，然後慌張地說她的錢包不見了。有一次我在洗衣籃找到，另一次是在她的枕頭底下。

她在自己房間裡囤積巧克力，包括柔依的萬聖節糖果。這個女人宣稱自己不愛吃甜食。

我打開她的衣櫃抽屜把洗好的衣服放進去，結果發現一大把的太妃糖和成堆的巧克力條。她囤積巧克力，就像戰時囤積黃金一樣。

如果我想洗她的床單，她就會跟我吵架。我想出點子把她騙出房間，才能拆下床單。這個人是我認識並一起生活的，但透過辛希醫師的眼睛，我看到不同的她。讓我嘆息或好笑的日常事件，並不是什麼怪癖。辛希醫師看見它們的本質：失智症的典型行為。

「妳同時提到她開始跟著妳。」

我後悔說出這件事，彷彿祕而不宣便等於事情沒有發生過。「對啊，她在屋裡到處跟著我身後。她會跟著我由一個房間走到另一個房間。有時我走出廁所，她就等在那裡。」

「我們稱之為跟隨照顧者（shadowing）。我會請凱西給妳一些衛教傳單。」辛希醫師停頓一下。「妳母親的行為……通常符合十二或十三分的知能分數。妳應該做好準備，她可能開始針對妳。」

「怎麼針對我？」

「她或許批評妳像父母一樣。她可能做出讓人痛苦的指責。」

「她早已做了這些事，」我小小聲地說。

「那麼妳應該做好這些事情還會惡化的心理準備。我希望我能說些好消息。我很抱歉這麼說，可是妳母親的狀況已經加劇了。」

40

「媽咪，為什麼外婆要那樣說酸奶的事？」有一晚我送柔依上床時，她問說。

那個夜晚令人難過：我女兒第一次看到我落淚。

晚餐時，外婆忽然從餐桌站起來，一口食物也沒碰。她上樓回她的房間，還大力摔門。諾亞和我面面相覷，但顧慮到柔依，便繼續講話。

過了幾分鐘，外婆走階梯下來，一張紙條高舉在空中。「我明白這裡在搞什麼鬼了。我看到你們做的好事！」

「媽，妳在講什麼？」

「酸奶。」她瞇起眼睛盯著我們。「妳給柔依吃了。但那是我的！我有收據！」

我望向她揮舞的那個紙條。「媽，那張收據是六月的。現在已經十一月了。這個酸奶不是妳買的。妳真的認為自己在這裡被占便宜了嗎？」

「沒錯！我正是這麼想的！妳沒有把酸奶給我吃。妳給我的是廉價的優格！」

「妳的食物和柔依的一模一樣。妳想要吃吃她的來證明嗎？我可以給妳一湯匙。而且，就算妳有買酸奶，難道妳那麼不樂意跟孫女分享嗎？」

她安靜下來，但我不肯罷手。我內心有一處崩潰了。

「妳不花錢跟我們住在一起。媽，我幫妳做飯。我幫妳洗衣。妳消化這頓晚餐以後去上廁所，妳擦的衛生紙？那也是我買的。然而，妳走下樓來跟我說，我在占妳便宜？」

「嗯，我想我是不好。那是妳的重點嗎？那麼就送我去住養老院。我像這樣子的時候，就不會在妳身邊了。」

「媽——」

「不，不。妳說的對。我的腦袋不靈光了。」

「沒關係。妳應該坐下來。拜託，媽，我們好好吃飯。」

她哀傷地看著我，一種驚恐、挫敗的神情。她搖搖頭，回到樓上。

當她的房門輕輕地關上，我哭了出來。柔依看著，然後難為情地咯咯笑。她轉頭看諾亞，發現事情不對勁。

「媽咪，」她急切地說，爬下椅子。「媽咪，不要哭。」她用小手臂摟住我的脖子。

我送她上床時，她認真地問外婆的事。

「有時外婆不知道她在說什麼，」我解釋。「她的話不是有意的，我們要有耐性，這並不容易。今晚……她讓我傷心了，但是她不是故意。」

「所以妳才會哭？」

「是的。大人有時會哭，沒關係。」

這明顯是裝腔作勢，像是情境喜劇的台詞，可是我看得出來我剛剛摧毀了她的世界。你知道做父母時，子女有時會把一些事情收藏到記憶裡。

這件事，酸奶事件，有一天會被提起，或許是在大學課堂上（「妳什麼時候第一次把父母看成是普通人？」或許是和伴侶（「妳小時候和外婆一起住？」）

從那天起，柔依對外婆的態度改變了。她不再把她當成同夥。她明白外婆需要幫助。當我們去到不熟悉的地方，她會牽著她的手。她幫她扣好安全帶，因為外婆手抖，很難繫上。以前外婆把髒碗盤拿出來或者把錢包藏起來時，她會輕笑，現在她不會了。

柔依的改變不是外婆行為更糟了所造成的。酸奶事件意義重大，因為柔依看到我哭泣。我明白，如果我在當媽媽時一直扮演超級英雄，我女兒永遠不會知道我的辛酸。假如我對外婆奇怪行為的唯一反應是繼續講話，裝做什麼事都沒有發生，我反而是在害我女兒。

太強壯也可能是一種弱點，你知道的。

我的眼淚讓柔依明白，外婆的行為不是偶發或愚蠢，對我有很深的影響，我們是互相連結的。

她明白，她可以幫助外婆，進而幫助我。她明白，她有一個重要角色需要扮演。

如果不是為了其他理由，單是這件事便使得我們與外婆相處的時光有了價值，因為我女兒原已寬大的心胸成長了。

41

若一個故事試圖宣稱一項事實，聆聽者的假設可能毀掉那則故事。那些假設可能導致故事被充耳不聞。

每當我告訴別人我們是印度家庭，我都會覺得，他們沒有聽到我接下來說的話。好像他們耳朵塞了棉花。無論我是說一棟有僕人的美麗房子或是跋扈的貴族階級母親，都沒有差別。他們點頭微笑，耳中聽見的卻是貧窮、第三世界、來美國追求更好的生活。

當你太常遇到這類假設，你會開始認同它們，甚至是在自己不知不覺之中。

我覺得我媽的財務憂慮源自於她的移民身分，任何一份郵件都會引發連串的擔憂。我哥和我會開玩笑。「她已經來美國四十年了，可是她總是表現得好像會在車輛管理局（DMV）被逮捕一樣，」我們說。

或許我就是因為如此才會花那麼久的時間看出這點。她對金錢的執著與身為移民無關，而是焦慮，就是這樣。畢竟，我可是精神科醫生的女兒。我應該想到跟醫師說她的症狀，應該看出在我眼前發生的行為。相反的，我耳朵裡塞了棉花。我聽到的只有移民、移民、移民。

不斷整理理財報表，她塗鴉似註記的執著程度，還有她不到十分鐘就要問一遍她的房子賣掉了嗎？這些都是心理焦慮的超時工作。

柔依想跟她說話時，她已聽不進去。我們去散步時，她沒注意到鳥兒或樹木。她不再微笑，即便是個美好的日子。她腦袋裡的輪子轉個不停，難怪她精疲力竭。她在柔依講笑話講到一半時，打斷她的話，問我她的稅金。她的基本假設是恐慌，她的耳朵也被塞了棉花。

42

一月時，我又帶母親去看辛希醫師。她建議服用抗焦慮藥物。

我媽搖頭。「副作用會加劇失智症。」

「妳說的是輕微副作用。微不足道，尤其是在——」

「微不足道！」我媽插嘴。「微不足道！」

「妳似乎並不享受日常生活，」辛希醫師指出。

「要享受什麼？我一輩子都在焦慮。我已經習慣了。」

「媽，那沒有道理。」外交辭令向來不是我的強項。「就算藥物加速妳的病情，有什麼關係？好好過四年難道沒有勝於痛苦過五年？」

她瞪著我，好像她的快樂不干我的事。雖然這確實跟我有關，當她住在我家時。

「她絕對不會自願服藥，」我媽離開診問後，我跟辛希醫生說。「她太頑固了。可是她的情緒……我不知道我還能承受多少。」

「妳提到焦慮，可是聽起來也有憂鬱的徵兆？」

「她喃喃自語地說她想死。或許因為是冬天，外頭黑漆漆——我確信那沒有好處——可是她不想去散步。她很退縮。她想要整天睡覺。」

辛希醫師寫下註記。

「事實上，我有個年幼的女兒。我擔心她受到影響。我媽偶爾發作時還好，我可以解釋。可是，這種每天的負面情緒……很痛苦。對每個人都是。」

辛希醫師若有所思地點頭。「她和妳在一起過得很好，妳知道的。她的身體好轉極為顯著。如果我們可以設法讓她繼續跟妳住，那就最好不過了。」

我望向別處。「家人是最好的，」照顧者時常聽到這句話，我想是為了鼓勵我們，但這種情感對我造成重創，加重了我的壓力。我決定說出自己的想法，當我提出這種可能性，令諾亞與我哥感到不安的一個問題。

「如果我們給她吃些什麼，而不告訴她那是什麼呢？我甚至不知道這是准許的嗎？道德上而言……」

「妳是她的照顧者。妳認為那行得通？」

「我給她什麼，她都會吃下去。我只需設法說明新藥丸就行了。不能跟心情或腦部有關。」

「嗯。如果由妳決定，妳會怎麼說？」

我無法相信辛希醫生附和我，沒有訓斥我。「我猜我會說是骨頭。她總是提到骨質疏鬆。」

「所以妳會說它是營養補充品？為了增進骨頭健康？」

「對的。」我點頭，鬆了口氣。「那正是她會接受的東西。」

辛希醫師請護理師把我媽帶回來診間。她四平八穩地解釋她要開立營養補充品，好增強我媽的骨質密度。

我媽點點頭。「骨質疏鬆，沒錯，我這種年紀的人是應該擔心……」

骨頭健康。這是我們為了騙她配合而說的故事。

我不知道對於治療知能障礙的醫學指導原則是什麼。我不知道別的醫師如何治療失智症。我知道在小說裡，辛希醫師的場景行不通。「醫師不可以對病人撒謊，」我想像讀者會這麼說。

諾亞也無法相信。「骨頭保健食品，」他問。「講真的？」

我只知道，過了兩星期之後，我媽的心情變好了。她不再翻弄整理她的理財報表。她不再問她的房子賣掉了嗎？她不再說她想去死。

她以前比誰都了解藥物。我無法想像她服用不知名的藥丸。然而，每天晚上我會打開橘色藥瓶，上頭的處方貼紙已被我撕掉。「您的營養補充品，」我說，慇懃得像名僕役。

她沒問問題。如果她問了，我不知道自己會如何回應。

或許這表示她對我的信任，也或許這反映出她的退化。不過，有時候我猜想她是否知道自己被下藥了。或許她喜愛故事，勝過於事實。

她必然感受到自身的改變。即使她沒有察覺到情緒的改變，也必定注意到自己食慾增加及深層睡眠。我猜想辛希醫師在挑選藥物時，已經把這些副作用也列入考量。十五毫克的彌鬱停（mirtazapine）。我想像這是我媽從前會做出的明智臨床選擇。

飢餓的病人比較容易餵食。吃飯變得不那麼麻煩。她早早上床，讓我和諾亞的生活更好過。我可以去上健身房，不必擔心她會趁我不在家時發脾氣。

不過，老實說，她的性格轉變才是驚人。我們去散步時，她注意到鳥兒。她對陌生人微笑，還打招呼。

「媽心情很好，」我跟我哥說。「她很愉快。」

「哈，」他說。

我猜想假如她早點開始服藥，她的人生會是如何。她或者會去度假。她或者會買下她喜愛的房子。她或者不會辭掉工作。她或者會感受到臉上的陽光，而不是擔心下雨。我猜想，當人們的情況變好了，你會很自然地希望你早點幫助他們就好了。

43

隨著我媽的心情持續開朗起來，我變得越來越暴躁。

我應該要開心才對。她的情況這麼好。當她棘手麻煩時，我同情她。現在她欣欣向榮，我反而產生敵意——或許是因為我第一次看到她的存在為我們造成的代價。

我們的世界縮窄了。我之前沒有看出來，在前幾個月燃燒腎上腺素的匆忙當中。如今她好多了，我可以清楚檢視我們的情況。

我們做出調整，好讓她的生活更舒適。我們繞著她打轉，在自己家裡躡手躡腳。晚餐後，諾亞和我用耳語講話。如果我們想要看電影，便偷溜到地下室，因為不這樣的話，她會重重地在沙發坐下，夾在我們兩人中間。柔依的點心藏到高高的櫃子上，否則會被外婆吃掉。我們在爐子貼上記號，以免她打開爐火就走掉了。

我厭倦了在她房間找到自己的內衣，或是擦拭地板上的綠色清潔液，或是慢到令人痛苦的散步。我厭倦了無法在白天離開家，因為我無法留她獨自一人。真的，我厭倦了。

我懷念和柔依與諾亞在一起，就我們三人。

我懷念專注在我女兒身上。

我的小說毫無進展。我甚至懶得去申請各種教職或寫作客座。假如我無法走開的話，那有什麼意義呢？

我不記得我們上次請朋友來做客是什麼時候。我不知道究竟是在什麼時候，我們何時停止了社交，可是我明白已經好多個月了。我不知道是朋友不再邀請我們出去，還是我們自我隔離了。我覺得我們好像與世隔絕。

我媽占據整個家。即使她在自己房間，關著房門，我覺得我都在注意她。她主宰我們的節奏與心情。她穿拖鞋的腳步聲統治著我的日子。

隨著她茁壯，我們凋萎了。生活狹窄到只剩蔬食與桌遊，以及她的噴嚏與打鼾聲。她不再提起安養機構。她為什麼要？我家就是啊。

她的體形變大，每幾個月就需要新衣服。令我回想起柔依還是嬰兒時。衣櫥裡的零號褲子和成堆的二號與四號褲子擺在一起。現在她穿六號很合身。

在這同時，我體重減輕。我的運動與壓力成正比而加劇。晚飯時，我食不下嚥，只想喝杯酒。我的衣服尺寸變小，她的則變大。很快地，她就在穿我的舊衣服，而我穿她不要的。

「那是妳媽的褲子嗎？」有一天諾亞問，皺起眉頭。

「喔，」我防禦地說。「我是說，她幾乎從沒穿過。而且我沒有時間去買衣服。」

我們交換了處境。變成是她跟我說：「我們要去散步嗎？外頭天氣好好喔！」而我喃喃自語，不情願地拖著腳步、走出家門。

44

我照顧的究竟是誰？有時我猜想是誰住在客房？我不是很確定那是我媽。她像個鬼魂，拖行的腳步，滿頭的白髮。她好多天都不講話。她在房間進進出出，坐下來和我們吃晚飯。夜晚時，我被她的房門嘎吱聲吵醒。

人們說動物可以感知到人類無法感受的資訊。洛拉有一套為牠喜歡的家人表演的把戲。牠會叼來一隻襪子，找到主人，然後坐在那個人腳邊，襪子舉得高高的，尾巴大聲拍打著地板，彷彿在說，看！我認得你、愛你並擁有你。

以前洛拉每次看到我媽，都會表演這個把戲。自從外婆搬來與我們同住後，洛拉一次也沒有做過。

如果我慫恿牠（「外婆的襪子在哪裡？」），洛拉便把頭轉開，為我感到丟臉。牠對外婆很好，只是不想擁有她。就好像牠早已知道我花了許久才明白的事。與我們住一起的那個人已不再是我的母親了。

看著我媽，我想起依賴生命維持器的人，他們的生命徵象降到了最低。

她吃我給她吃的東西。她穿我叫她穿的衣服。她尾隨我，愉快卻空洞。生命維持器的嗶嗶聲以及她的輕哼聲告訴我她還活著，可是我從她被動的表情看不到任何東西。

45

諾亞有一天在家工作，好讓我進城。我需要休息，所有人都看得出來。

照顧者倦怠（caregiver burnout）。我在網路上看到這個名詞，感覺疲倦和乏力，對細微瑣事過度反應，無法專心，很難放鬆，喪失食慾，失眠，檢查、檢查，再檢查。

我在城裡漫無目的遊蕩，一條街又一條街，儘管是個下毛毛雨的日子，我細細品味這種體驗。我從中央車站走到蘇活區，穿梭在街道間。走回上城時，我在聯合廣場餐館前停下腳步，看著討人喜歡的裝潢。

我低頭走入，在吧檯落座。數個星期來，我第一次肚子餓。我點了一碗湯，對抗下雨及寒冷的完美解藥。環境平靜樸實。長長的桃花心木吧檯在鏡面與燈光下折射光芒。玄關桌上擺著黃色洋牡丹、連翹和梅爾檸檬：春天降臨的徵兆。我的湯送上來了，湯碗冒著熱氣，附上厚片麵包，琥珀色光澤，搽著閃亮的奶油。

那頓午餐讓我恢復了。每件物品——白色餐巾布，握著就令人開心的水杯，湯裡的迷迭香氣味——都刺激著我的感官。嗡嗡的交談聲，餐具的鏗鏘聲，來來去去的客人。諸此種種提醒著我，母親以外的世界，禮貌的世界。

回家時，我努力維持恢復的善意，可是我感覺到它在流失。我感受到我媽在等著我。我需要做晚飯，我需要洗床單。等我走進她的房間，我知道我會在枕頭下找到巧克力，在花瓶裡找到襪子，在奇怪的新地方找到她藏起來的錢包。

這些我還要做多？這個問題每個人都問過。數個月後，我感覺到自己在認真思考。

我總是想像到達一個我無法再照顧她的地步。我料想一個戲劇性事件，無可辯駁的轉捩點（一次激烈的衝突、尿失禁），明顯表示她需要協助。我想像諾亞和我悲傷地搖頭，跟他人說我們別無選擇。

我從來沒想過那項轉變將是來自我。

我不明白這點，直到那頓午餐。簡單的一餐飯，不應該感覺那麼美好。就好比你終於開了燈，等到眼睛適應了，你這才明白自己身在黑暗中。

上火車之前，我在中央車站的攤子買了一束連翹，最後回味我的午後出遊。黃花棕枝包裹在白紙當中。火車飛奔載著我回家時，我看到懊惱的連翹花束在路途上逐漸蓬勃。等我回到家時，我笑了。我們家後院就有好大一叢這種花。花錢買野生的花實在可笑，可是，假如我沒有買的話，我就不會注意到。或許我們花錢才會記起美麗，才會看到原本一直在我們眼前的事物。我看到我一直錯過的，跟午餐與花朵沒有關係，而是與自由成長有關。

46

「那完全合理，」我跟我哥說照顧者倦怠時，他回答。我原本希望我的感受會消失，那只是一個階段。我以為如果我對自己好一點，像是出門吃午飯，那些感受就會消失。數周後，什麼都沒有改變。我累壞了。

我媽不想拖累她的子女，她很明確表達這點，所以她才在多年前投保長照險。

我明白這是她想要的，可是我不知道怎麼做。我期望以前的媽媽能回來一天。我希望以前的媽媽幫助我面對現在的媽媽。

「那麼妳要怎麼做？」我哥問。

我很高興他讓我說出這些話。我必須成為說出這些話的人。

「我想時候到了。我想我們應該找一找照護機構。我想……」我嚥下口水。「我想我受夠了。」

第三部

1

如果說我把自己塑造成我媽的枴杖，反之亦然。她變成了我的枴杖。我從照顧她當中獲得驗證。除了照顧者的角色之外，我不再看到自己的價值。

我媽搬來和我們同住之後沒多久，我跟諾亞說我們應該再生一個小孩。「想想看。柔依七歲了。很快她就會是個青少年了！還有洛拉……牠剩下沒多少時間。有一天外婆也會離開。房子會變空盪盪！」我的聲音充滿驚慌。「我三十七歲了！我們應該趁還可以的時候再生一個！」

增添家庭成員似乎是我當時心得的自然延伸：被人需要是一項禮物，混亂複雜的人生是美麗的，我們所能承擔的，多過我們所能想像。

我們試著懷孕。直到檢驗結果失敗，一根又一根的驗孕棒沒有出現兩條直線，我才明白自己並不失望。我鬆了一口氣。我先前說服自己再生一個孩子，事後回想，我的動機更多是出於恐懼，而不是想要小孩。

沒錯，被需要是一項禮物，卻也是一種逃避的方法。孩子絕對不該成為補償，「以防萬一」，這四個字代表我媽的哲學。我不確定我也想把它變成我的哲學。

我想到她的另一句座右銘：堅持下去。「妳只需要再堅持下去久一點，」她會跟我說，或者「我只需要在這個工作堅持下去」。當她嫁給我爸時，她或許時常這麼跟自己說。

我不想堅持下去，我想要好好活著。不只是為了自己，更是為了柔依。我想要跟她證明，女人也可以好好活著，我們不必背負過重的負擔，我們的價值不在於我們的犧牲。我想要跟她證明，我們就是自己最好的禮物。

當然，有些被人需要的方式跟養育小孩或者照顧老人沒有關係。舉例來說，寫書。這難道不也是一種付出的方式嗎？在我收到讀者紙條的溫馨場合，開頭一律是感謝我。

我緊張地開始尋找安養機構，費用高得驚人，有名聲的地方每個月要價七千美元到一萬美元。

我打電話給她的保險公司。「她投保的是全額給付險，」那名人員回報。

「每個月一萬美元？」我懷疑地問。

「對啊。」

「多久的時間？」

「永遠。」

我想到她是如何在仍然清醒時去投保。我想到她不起眼的房子，不起眼的衣服。我絕對不願拖累我的子女，她說。我以前覺得這種說詞很沉重。現在我回想她的話，她是有計畫的。她是多麼有計畫啊！她設想到這一刻了。

人們說女性是天生的照顧者，我向來憎惡其中的含義。我想要相信，身為女兒，我們不是天生要放棄我們的需求。

總有一天，或許會有一個國家，男性擔任照顧者的比率與女性相同。我描繪這個幻想國度，充滿著女性工程師與家庭主夫，新架構的多世代家庭，令人厭煩的性別窠臼被拋出窗外。我渴望那種未來，可是目前卻要面對現實。美國的女性是照顧父母與公婆的主力。我想到這些女性，她們的父母不像我媽那樣執著於長照保險。我想到在工作、婚姻與生養子女之間精疲力竭的女性，她們別無選擇，只能「堅持下去」，因為她們的人生當中無人擔憂「以防萬一」。

我的腳扭傷時，諾亞從車庫找出一副枴杖。我沒有想到要問它們是怎麼來的，後來我終於想起它們是哪裡來的。我差點失聲大笑，那是霜之谷的枴杖，我媽收藏了二十年。

我想像她在長島住家的最後一天，即將前往紐澤西展開她的新人生。她可以帶走相簿、結婚禮物、昂貴的紗麗或心愛的紀念品。結果，她帶走了一副枴杖。以防萬一，我可以聽見她的想法。

她向來都不知道如何用我想要的方式來照顧我。她是用她知道的方式來照顧我。看到她為我和哥哥的規劃，我明白她愛我們——她當然愛我們——或許不是以我能夠理解的方式，卻是她覺得有道理的方式。

我沒有幼稚園時的手印。我沒有我們母女兩人的鑲框相片。我沒有她寫來的信。我有一副鋁質枴杖和一張萬無一失的保單。我媽就是這樣。

她不會希望我活成這個樣子，從書房跑進跑出去擦拭她濺出來的假牙清潔液，以及為她做一頓飯。她會被嚇壞了。她具有強烈意見的一面是我最懷念的一面。

小時候，我覺得她很忙。我以為那是因為她的專業生涯，其實並不盡然。她被婚姻消磨殆盡，一直被是否應該離婚的惱人問題所困。她想要離開，但不知道該怎麼做。最終導致河裡的女人滅頂的是她的恐懼與愧疚。

我眼看就要重蹈母親的覆轍。我處在一個無以為繼的局面，讓我無力照顧我的女兒。柔依不跟我分享體育課或下課時光的故事。她看得出來我很消沉。

放手。我感覺到年邁的母親說出這句話，她懂得站在河中的心情。她不會溫柔或慈愛地說出這句話。她會怒吼。妳瘋了嗎？妳在做什麼？妳就要溺死了！

她的保單是一艘救生筏。它沒有伴隨著溫馨感人的話語。她從不曾跟我說：「我愛妳，即使等我走了，希望妳也能感受到我在想念著妳。」她的計畫是以前的她寄出的信件，寫滿她永遠說不出來的話。好好過妳的人生。祝妳幸福。放我走。

2

愧疚與憂慮。我在這兩者之間擺盪。想到讓她搬出去，明白這項轉變對她將是極為辛苦，令我不勝負荷。

我請我哥打電話給辛希醫師與凱西，告知我們的決定。我沒辦法。我覺得太愧咎了。「他們會安排把她的病歷寄給保險公司，」我哥回覆說。「他們反對嗎？」我問。「他們訝異嗎？」「沒有，」我哥困惑地說。「他們一開始就建議安養機構，記得嗎？」

喔，對吼。我回想起我帶她回家同住的那時候。我無法想像現在就送她去養老院，我跟哥哥這麼說。我沒有想到她已做好了準備。不過，她是做好了準備。她已經準備了好一段時間。我哥早已知道。我才是那個無法放她走的人。

一位鄰居告訴我，十分鐘路程外有一所安養機構。她的父親住在那裡。她說那個地方好極了，員工很有愛心。我預約了參觀行程。

我以為會看到陰沉的護理人員及燈光黯淡的房間，空氣中瀰漫消毒劑的味道，僵直的病人坐在輪椅上被成列推出。當我走進去的時候，我聽見歌聲。

「不必理會我們，」主任微笑著說。「現在是歡樂時光。」

我站在一個挑高大廳，有一座石製火爐，像極了精品飯店的門廳。右手邊是一座吧檯。住院者聚在麥克風四周，在卡拉ＯＫ機前面大聲唱著辛納屈（Frank Sinatra）的歌曲。人們啜飲葡萄酒，小口吃著點心。

主任帶領我走到餐廳，每張桌上都放著鮮花。我和主廚碰面，他是一位埃及人，很興奮有位印度人要住進來。「終於！我可以使用一些香料了！」他眉開眼笑地說。

在樓上的咖啡廳區域，住院者閱讀報紙。其他人則喝著茶，玩拼圖。還有一座圖書館、花園、電影放映室和健身房。我找到一份每日活動節目單，包羅萬象，由瑜珈到股友社都有。

主任告訴我，通常是可能的住院者——他們不喜歡稱為「病人」——預約參觀行程。初期的阿茲海默症患者明白他們需要協助。覺得有人協助，令他們安心。反對的多是家庭成員。

我回想母親辭去工作的時候。我現在老了，她說。我已經不能再像以前那樣了。她說出這些話。我卻不肯聽。

「我要如何讓她考慮來這裡？」我問主任。「她在我家非常舒適。」

「就妳母親而言，我們建議找個藉口。例如，妳可以說妳要重新裝修房屋。或者妳可以告訴她，妳要去一趟長途旅行。」

「喔。」

「這對轉變有幫助。當然，人們很快便會忘記他們是什麼原因住進來的。通常需要一或兩個月，不過他們會適應。」

我回想起母親搬過來時，我告訴她只需要增加體重，便可以回去她家。那也是個藉口，差別在於我相信這種託辭。

3

我發現很難跟別人談論我媽。甚至在語言層面，我都不曉得要用什麼字。過去式或現在式。「我媽以前是精神科醫生，」我可能這麼說。「不，不，她還健在，」看到對方的表情，我隨即補充。

甚至連「她還健在」這種說法都感覺像在誤導人。健康照護使用「生活品質」一詞便是基於這個理由，為了評估日常生活是否有意義。阿茲海默症很難評估這點，因為做出那項判斷的器官正是出問題的器官。

如果我媽躺在床上二十小時，她還活得好好的嗎？假使她不記得早上是怎麼過的，不記得我在午餐時給她吃了什麼，不記得我們五分鐘前的對話，她住在什麼州？沒有過去的現在算什麼？要使用什麼動詞呢？

在她開始服用抗焦慮藥物之前，她會喃喃地說她不想這樣活著。那是憂鬱或神智清醒？她明白自己沒使用動詞時態。誰能責怪她拒用時態呢？

這個問題極為棘手，就連醫學界也迴避。華盛頓州及加州設有「尊嚴死亡」的法律，但不允許阿茲海默症病人採取終結生命的措施。我們不希望人們在不穩定狀態做出重大決定。這很合理。可是，阿茲海默症是絕症。確診的人都明白未來的發展：緩慢衰退，造成大小便失禁，運動控制不靈，終致無法吞嚥食物。尿褲與鼻胃管在等著我媽，這種狀態很難在生命的存在之中容身，也不應該有。

我想起學法語時讀到的動詞時態。過去完成，條件式。或許這可以加以形容。過去已經完成了，現在的每件事都是條件式。

我想為阿茲海默症組裝一個新的動詞時態：條件式，過去完成。有時，在合適的條件下，我以前的母親會露面。我可以跟以前的母親相處短短幾分鐘。我們的重逢太過短暫。我覺得我的回憶美化了她，保存了她，選擇性刪除。

法語的過去完成式實際上稱為「plus-que-parfait」，意思是「超乎完美」。那或許是最貼切的描述。埋藏的過去是超乎完美，而且就那樣留存下來。

現在／過去。來了／走了。有時當我看著她，我覺得她並不是真的在。有時我覺得她很久以前就已經離開。那或許是比較好的問題：妳去了哪兒，媽？

或許她回去了印度，是個在孟買備受寵愛的小女孩，看著她的愛情鳥與松鼠，露比跟著她走過每個房間，僕役在後面伺候，她的父親拿出一份禮物。或許她就在那兒，在埋藏的過去，超乎完美。我則在外面，敲著玻璃。

4

你如何擺脫鬼魂？

那個購買長照保險的母親不是與我同住的母親。「喔！」每當我們散步回來時，她都會滿足地說。「回家真好！」

家是永遠開放的地方，柔依曾這麼說過，不會把你摒棄在外的地方——然而我即將對自己的母親做出這種事。

她的心情變得很好。她對我的依附日漸加深。「我們這個周末要做什麼？我們晚飯要吃什麼？」這是我鼓勵出來的依賴。這些是我塑造出來的枴杖。

外頭，春花怒放，萬紫千紅。我們下午散步時，她總會指出顏色。「看那個紅色！」她用馬拉提語大喊。「多麼鮮豔啊！」她滿懷敬畏，感嘆黃花與粉紅花。這種瘋癲的純真令我退縮。

我希望她不只如此而已。我希望她是說故事者，在公共場合被搭話的病人治癒者，這些是她傳奇性的聰慧。我希望她是個勇猛的女家長，一手揮開我奉上的枴杖。

我不想要捏造安養機構的故事，我不想要編造房屋裝修或旅行的藉口，我想要我們用母女的身分誠摯對談。她值得這樣的對待。

與她同住，讓我重新審視我對她的認同：我腦海裡的母親以及她實際上做為我的母親。她曾經如神話一般，如今她已變成現實。我決定跟她開誠布公。

諾亞和我有一天下午跟她坐下來談。「那個，媽，」我說，「我們想要跟妳談談。就像妳常說的，我們無法讓妳一直住在這裡。」

「對。」她的眼睛驚慌地掃視房間。

「一位鄰居，」我焦急地說，「提起數分鐘之外的一間安養機構。它獲得很好的評價，我覺得我們可以去看一看。」

「喔。」她點頭。我猜想，我的話聽起來十分合理。「他們接受我的保單嗎？」她最後問。

「有。」

「他們有蔬食嗎？」

「他們有。他們甚至會為妳做印度料理。」

「嗯。」

「他們有一座花園，圖書館，健身房。看起來很棒。」

「啊，我很高興妳找到這個地方。」

「真的嗎？」

「當然。如此一來，假如我發生什麼事，我們就有了計畫。預先設想是好的。以防萬一。」

我張口想說些什麼，但沒說出來。諾亞看著我，神色慌張。

「沒錯，」她接著說。「目前我可以獨立生活，可是假設情況生變。例如，假設我跌斷髖關節。骨質疏鬆值得注意，你知道的。」

我清清喉嚨。「這個地方……有個特別記憶照護單位。」

她眨眨眼。「老人骨折！這很常見。」

我壓下惱怒，直到當天晚上我可以私下跟諾亞講話。「骨折！」我爆發了。「骨質疏鬆！」

他搖搖頭。「親愛的，我們該怎麼辦？」

翌日，她打電話給親戚們。「瑪雅要把我送去紐約上州的一間養老院！」她告訴他們。「距離四小時或五小時，在不毛之地。跟西伯利亞一樣！我沒辦法用電話或電子郵件。誰知道我會發生什麼事？我每天要待在游泳池三小時。他們逼你進冷水池！」

我之所以得知這些電話，是因為親戚們嚇一跳而聯絡我。我向他們保證我沒有要送我媽去上州參加游泳營。

我想要把這些對話錄音下來，重播給她聽。我想要把花瓶裡的內衣與枕頭下的巧克力拿給她看。假如我可以用證據及講理來說服她，那麼她會看到我說的故事嗎——理解與寬恕不是只有一線之隔嗎？

此時，我才恍然大悟。我想要跟她開誠布公，並不是為了她，而是為了我。她已無法再認真對話。她需要一個故事。我必須提供故事，給毒藥裹上糖衣。一想到要說藉口，便令人痛苦，因為這意味著坦承她的衰退。藉口意味著跟我以前的母親說再會。告訴她一個故事，意味著接受這個事實。

5

人生像是一連串相互矛盾的敘述，擺脫角色，試著想出正確的字眼。我是這樣的人。我做這樣的事。當我們尋找新的字眼，我們試圖在其中找到自我。

家庭是這種故事的戰場。當我回想童年，我看到每個人互相矛盾的故事。我們爭奪控制權：我爸，我媽，我哥，我。我們想要設定自己的角色。

每個家庭都明白這種緊張。「他有運動天分。」「她有文藝天分。」隨便問一個人的家庭，就會出現上述形容的不同版本。「我父母希望我能像我哥，」或者，「我姊是家裡的黑羊。」如果去問那些人的家人，他們會予以反駁，並提出自己的版本。

所以，年節假日才會給人壓力。故事在餐桌上起了衝突。在你自己的人生，你可以設定自己的敘述。你不必做為有運動天分或文藝天分的人。你可以用你自己的措詞生存。

在某個層面，自由意味著訴說自己故事的權利。我們講故事來肯定自我，像是不斷變型的自我。「我們說故事，」如同瓊・蒂蒂安（Joan Didion）所說，「是為了活下去。」說故事不是一項消遣。它不是為了讓我們脫離人生。它就是人生。

或許母親給我最大的禮物是她讓我的故事存續下去，給它們呼吸的空間。她不想審查或編輯我。

我現在能夠明白——而以前無法承認——那並不是出於她有意識的選擇。那不是一項策略。她沒有施行虎媽式教育，並不是因為她有更好的見解。她勞累，精疲力竭，工作過度，無法喘息。我則選擇另一面的想法。我不想把自己看成被漠視的人。我想要相信我是高明選擇之下的精心結果。我想要相信，即便我在溺水時，她依然緊抱著我。

她給我的禮物或許純屬意外，但不表示那不是禮物。傾聽一個進展中的故事，信任說故事者可以找到自己的路途，便是一件美事。

父親就做不到這點。他無法忍受我用自己的設定去闖蕩世界。他把我看成他的映像。他想要控制那個映像。我媽不介意我探索自我，或許單純只是因為她沒有把心思放在我身上。

我由身為她的女兒以及她的照顧者學到，聽眾扮演關鍵角色。身為父母，我總是自欺欺人，以為我應當講話（訓話，解釋，諮詢），但實際上那時候我應該好好坐著，什麼話都不要說。這種方式的愛，意味著放開繮繩。那是極其痛苦的。

我可以給柔依一種輕鬆的愛，不花代價或力氣。我可以擁抱，安撫，慰藉，保證。讚美她的蠟筆圖畫或是在她跌傷膝蓋時為她拭去眼淚——這些並不難。不過，還有一種辛苦的愛，當我覺得陷入困境時，我所尋求的愛。當我們在公共場合而柔依使性子，當我們去拜訪朋友而她不按照計畫表現，我都會感受到我父親心情的陰影。我必須提醒自己，不要把那些時刻當成一回事，那些都是童年與成長的一部分。除非我女兒把各種版本全部嘗試一遍，否則她無法找到更好的自己。我的工作是幫助她看清楚自己選擇的後果，而不是去阻止她嘗試。我必須讓她找到自己的路。

那個女人過河之後，發生了什麼事？不論她做出什麼選擇，她都必須為自己解釋。她的故事比她的選擇更能定義她這個人，不只是因為這是她呈現給世人的面貌，而是因為這是她呈現給她自己的面貌。她的故事是她賴以生存的。

「我認為時候到了。我把我媽送去一家安養機構。」總有一天我必須說出這些話──對親戚，對朋友。我卻無法對自己開口。

「我把小孩送走已經三年了。」我媽從沒說過這句話，但這是她做的事情。「我沒有勇氣離開我的丈夫，所以，取而代之的是，我看著我女兒離開。」她也做了這種事。她給自己創造了一個故事，讓自己的選擇合情合理：「我所做的每件事都是為了我的孩子。」

現在，我好奇她是怎麼跟我哥說的。當她打包他的衣服和玩具，她必定跟他說了些什麼？「只要一下子就好。」「我很快就會去接你的。」他才兩歲，可是她必然覺得必須說些什麼，即便是為了安慰她自己。這是為了他們兩個人好的藉口。這是她說的故事，好讓自己活下去。

6

時序進入五月。她以前曾憂慮安養機構，而我叫她放心。如今我為了安養機構而操煩不已，她卻老神在在。

我研究不同的選項——印度機構，紐澤西和康乃狄克州的機構，專門安置失智症的中心。我去參觀過的那個機構是我認為最好的。住院者看起來很快樂，而且我喜歡它距離我家很近。

然而，我仍舊無法想像她住到那裡。儘管那兒再好，她會很悲慘。她不會喜歡那些唱辛納屈歌曲的老年人。她內向，動不動就批評人。我想像她窩在自己房間，拒絕出去散步或探索花園。我想像她訓斥醫師，指出他們的診斷錯誤。

「或許我們應該留她跟我們同住，」諾亞後來說。「那或許簡單一些。」

他第一次說的時候，我十分歉疚。他說得對。我們應該留她下來。

可是，我後來想到，他不是必須照顧她一整天的人。他對改變的恐懼使得他看不到我的需求。有時候，我想在他的面前揮手。你看不到我嗎？我想要大叫。你沒看到我累得要死嗎？

那個渡河女人故事裡的丈夫在哪裡？那些三親六戚、婆婆媽媽和愛管閒事的姻親呢？就算在印度，就算在多世代家庭，就算女性應該獲得支持的時候，我們都是獨自一人站在河中。很多時候，我們必須自己決定。即使我們有關心的配偶及幫忙的兄弟姊妹，那種時刻都令人覺得孤單。

河中女人的故事結尾時，她站在湍急的河中，不知所措。那正是我的心情，我周遭的河水高漲，而我卻無法做出決定。我告訴自己，我不知道怎麼跟母親說，其實不是那樣。事實是我不知道如何自我調適，如何去做我知道我必須做的事。

7

「媽，妳以前跟我說過一個故事，」有一天散步時我說。「妳說妳的媽媽跟妳講了這個故事。有關一個女人渡河，懷中抱了個孩子的神話——」

「喔！」她突然停下腳步，轉向我。「妳還記得？妳的記憶力真好。我已經好多年沒想到那個故事了！」

「我試著查了一下那個故事。我不知道它是神話或是根據某個印度寓言故事，我查不到任何資料。」

「嗯。」

「有沒有可能是外婆自己想出來的？」

「她不是個作家，如果妳的意思是那樣的話。妳是家族裡唯一的說故事者。」她咯咯笑。

「讓我感動的是結局。或者應該說，沒有結局。」

「妳是什麼意思？」

「嗯，我們不知道那個河中的女人選擇了什麼。」

「我們當然知道。她放開了她的小孩。」

她講得理所當然，我還以為是我想像出來的。「什麼？」我笑了。「媽，才不是那樣。那個女人站在那兒。妳說……妳說我們無從得知她的選擇，除非我們自己也在河中。」

「我是那麼說的嗎？」她看起來很茫然。「不對，我媽說的是那個女人放手了。」看到我震驚的表情，她的神色緩和下來。「我一定是為了妳好而修改故事。或許故事太嚇人了。」

「所以……那個故事就那樣結束了？那個女人放掉自己的嬰兒？」

她聳聳肩。「印度故事，妳知道的。可能十分詭異。」

我們走了幾分鐘，我媽吸鼻子、打噴嚏、哼著不成調的曲子。現在，我覺得我的問題更為迫切了。

「問題是，那個女人怎麼接受自己？」

「什麼女人？」我媽早已忘記我們的對話。我再跟她講了一遍，這回不提她修改了故事。

「是的，是的，」她說。「河中的女人。妳的問題是什麼？」

「嗯，我是說，她是如何做到的？她如何放手？」

「她就是做了。」

「少來了，媽，不可能那麼容易。她必然後悔不已，對吧？她有去搶救小孩，明白自己犯錯了嗎？她終其一生都活在悔恨之中？」

「沒有。」

「可是，媽——」

「她放手了。那才是重點。」

「這沒有回答她是如何做到的問題。」

「妳問的問題不對。」

「是嗎？」我已經搞不清楚自己的問題了。

「妳想像那個女人放手之後，一直對那個孩子念念不忘。那是妳的錯誤。那個故事不是要講她放手。」

「不是嗎？」

「那個故事是要講那個女人選擇了她自己。一旦她做出那個選擇，一切便迎刃而解。」

喔。她講的方式讓那個故事有了正面意義，不是失去與煎熬的故事，而是希望的故事。一個未來時態的故事。我這才領悟，我媽說得真對。

等我抬頭時，我看到她已走在我前方數呎。我急忙趕上。「妳覺得這是有可能的嗎？一個女人選擇了自己。妳覺得……妳覺得她最後快樂嗎？」

「當然。為什麼她會不快樂？」

「可是，那個溺水的小孩怎麼辦？」
「有人說他淹死了嗎？」
「妳是說他活了下來？」
「妳無法猜測印度神話，或許有隻鳥兒飛過來把他叼走了。」
她的嘴巴抽搐著。我們笑了。很快我們便笑到離譜的程度，笑到那個情況不許可的程度。「妳可以想像嗎？那個嬰兒掛在鳥喙上？」我們爆笑不止，或許是因為那完全符合印度神話，也或許是因為笑的感覺很好，我們不想停下來。
「然後，森林的鹿會餵養他！」
「提供他庇護所！」
「然後他長大成為了君王！」
「當然了！」
我們狂笑到噴淚。
那個女人選擇了她自己。
一旦她做出那個選擇，一切便迎刃而解。
真的是那麼簡單嗎？

8

「我會在後院露營。」

「我會睡在廚房地板上。」

「為什麼我不能跟你哥一起住？」

這些是我告訴她我們要整修家裡時，她的回答。

夜晚時，她把信塞進我的臥房門底下，令人傷心的信件，乞求我讓她留下來。她答應乖乖的。她威脅要控告我。她哀嘆生了這麼自私的子女。我一個早上會醒來三次、四次、五次。

「只要幾個禮拜就好，媽。」

「為什麼我不能跟妳住？」

我不參與她的意見。我堅定不移，重複同一句話。只要幾個禮拜就好。我跟她講話的態度就像跟一個小孩講話。

在這同時，我訂購一些我想她會需要的物品：浴簾、浴室腳墊、垃圾筒。一個電熱水壺，以防她想要泡茶。好像我要送小孩去讀大學。

我在我的生活中築起一道牆——一邊是她在抗議，另一邊是我在準備。牆的兩邊互相抵觸。我向她保證，安撫她（「只要幾個禮拜就好，媽」），同時卻幫她申請新電話與有線電視服務，一簽就是幾年的合約。我不曉得這兩邊如何協調。這道牆讓情況可以忍受，可是這道牆無法持久。

「所以，只要幾個禮拜就好？」她看著我收拾她的行李箱說。

「對啊。」

「之後，我就會搬回來跟妳住？」

「當然。」

她停頓一下。「萬一妳喜歡沒有我的日子呢？萬一妳習慣了輕鬆的日子呢？妳會不希望我回來。」

我擁抱她。「我會永遠希望妳在我身邊，媽。」至少這些話是真心話。

她安心地倚在我身上。「好吧，」她在我肩頭上說。「我會盡力而為，知道只要一陣子就好。」

隔天早上我醒來時，在房門下看到六封信。這些信是性格的綜合體，有的祈求、有的困惑、有的憎恨。等我走下樓，她告訴我，她找到解答了。她要在外頭睡在帳篷裡。就這樣周而復始，直到搬家那天。

9

在一個六月的晴天，天空湛藍、萬里無雲，幾乎像是一年前她搬來和我住的那天，我送母親住進安養機構。馬上，噩夢就發生了。

「我什麼時候要吃早餐？我怎麼知道什麼時候可以吃了？」

「妳隨時都可以吃，媽。妳只需走去餐廳即可。」

「在哪裡？我怎麼走去？」

「我幫妳寫了告示。看到了嗎？」我在她的房間貼滿三十六級字體的告示。妳可以隨時去吃飯。直直穿過大廳就可用餐。如果妳有問題，按項鍊上的按鈕。

我特地為母親挑選了這個房間，因為這是一樓的三個房間之一，可直接走去餐廳。不像其他住院者，她不必搭電梯或是辨認樓上令人混淆的走廊，它們看起來都一樣。

「萬一我不記得看那些告示呢？萬一他們沒有蔬食呢？萬一他們叫我做一些事情呢？我不會社交。啊，這些太難了！」她的身軀因為恐懼而僵硬。她從頭到腳都在顫抖。

「聽好，媽，我會留下來陪妳吃午飯。我會帶諾亞和柔依過來吃晚飯。妳並不孤單。」

當天稍早，我準備了她最喜歡的印度料理並放在餐廳。我想這可以解決她對飲食的恐懼，同時留下好印象。

「怎麼樣？」她吃了一口後，我問說。

她低垂著頭。「沒有在妳家的好吃，」她小聲說。

我想要去撞頭。我不能告訴她，這是同一道菜。

結束用餐後，她捉住我的手臂。「妳為什麼要走？萬一他們虐待我呢？」

「媽，我三個小時後就會回來。」

那天晚上吃晚飯時，柔依掃瞄了菜單。「他們有起士漢堡！還有素食漢堡！還有冰淇淋。外婆，這裡棒極了！」

我媽沒有笑。

我們在飯後帶她回到她的房間。我們在房內時，醫護人員走了進來。「妳的營養補充品，」他說著。他朝我笑了笑。

在搬進來之前，我寫了一份指示給安養機構。我怕死了會有員工跟我媽說她在服用彌鬱停，或是有個好心的員工試著讓她去唱卡拉ＯＫ。我寫了一份她喜歡的事、誘發她脾氣的事、恐懼的事，卻假設沒有人會認真去讀。我寫這份清單是為了讓自己好過一些。我對自己的女兒從來不是虎媽。結果，我反而變成母親的虎媽。

在我去探視時，我驚奇地看著。員工們顯然讀了我的清單。

「你的營養補充品，」他們說。

「我們這裡有好吃的蔬食，也有香辣料理。」

「我們絕對不會叫人去做任何活動。有的人寧可不做活動。」

「這裡的人很好，」在第三天或第四天，她不情願地說。「不過，回家和妳同住還是會讓我放心。」

10

送我媽去安養機構的第一天下午，我覺得家裡很陌生：更大、更寬敞。煥然一新。

我不必聽著她細碎的腳步聲，或是想著我必須拿給她什麼東西。我不必由書房奔下樓梯去做午飯。我不必分配她的藥丸，規劃她的晚飯，哄她出門。

「妳好嗎？」諾亞小心翼翼地問。「我知道一定很難受。」

「你在開玩笑嗎？」我回答。「我覺得好極了。」

我一直想像河中的女人充滿懺悔。我從來沒想過她覺得如獲自由。

女人選擇了她自己會是什麼樣子？這不是會被傳誦的故事。甚至連我的外婆講的版本都嘎然而止。我們沒有機會看到結局。

此時，我看到結局了。我突然明白那個故事是怎麼來的。我的外婆一定是自己想出來的。當我媽帶著我哥回到印度時，外婆跟她講了這個故事。這個故事是她用來告訴我媽放手。

所以，那個女人手中抱的小孩是個男孩。妳哥出生之後沒多久，妳的外婆跟我講了這個故事。故事裡的男孩就是他。

並沒有鳥兒來把我哥銜到安全之處。是我的外婆救的。他沒有淹死，正好相反，他在印度長大，被愛包圍。我的外婆對他的暱稱是拉加（Raja）。他是個君王。

當他說他並不怨恨媽媽時，他不是孝順。他是真心認為。我也是。

那天下午，我打掃客房。我擦拭衣櫃，撣去花瓶灰塵，撿拾亂丟的糖果包裝紙，移除衣櫥裡剩餘的東西。我沒有理由一定要在那天打掃房間，只不過這麼做的心情好極了。這是重新宣示擁有這處空間的方法。

我整理了兩箱幾個月後要帶給她的物品：毛衣、圍巾、冬天衣物。我終究會把這些物品送去給她，等她準備好之後，等到不知不覺之中，那個地方感覺像家一樣。

我的身體放鬆下來，是一年多來不曾有過的。我全身感受到可能性的愉悅。我可以跟洛拉去暢快散步。我可以烤隻全雞做晚餐！想到這些便讓我笑了。

我們甚至可以去度假。快要夏天了，我甚至沒注意到。我好像重見光明。

我在戶外閒逛。我站在後院好一陣子。數個月來，我第一次感受到臉上的陽光。

11

「就像復活節兔子一樣，媽咪。」

我一直糾結著如何向柔依解釋我們的藉口，好讓她去探視外婆時，附和我們杜撰的裝修房屋。我感覺不安，我不想縱容撒謊。我沒有美化我的困窘，而是坦然告知。一如以往，她幫我用不同眼光來審視情況。

柔依堅定相信耶誕老人與牙仙，卻從來不相信復活節兔子。

「比如說，我知道復活節兔子不是真的，」她解釋，「可是我絕對不會跟別的孩子說。那樣不好。外婆的情況也是一樣。裝修……就是她的復活節兔子。」

故事可以成為生存機制，亦能成為一種仁慈。

12

諾亞和瑪雅要裝修他們的房屋。需要十二星期的時間。在那之前，妳會待在這裡。

接下來的幾個星期，她房間牆上的許多告示都消失了，有關餐廳位置與用餐時間的告示則留了下來。

奇怪的是，她從來沒問起裝修工程。她不問我們捏造的裝潢進行得如何。她自己發想了細節。「我女兒的房子搭起了鷹架，」我無意間聽到她跟一名員工說。「那裡很危險。」

「你能相信瑪雅的房子有那麼多地基的問題嗎？」她跟我哥哥說。「好可怕！我平安無事真是謝天謝地！」

故事每天都在改變。「紐澤西的印度養老院客滿了。」「我去參觀了幾家安養機構，最喜歡這間。」「我跟子女說，時間到了。」

「妳搬來這裡以前，有跟誰一起住嗎？」一名護理師問。

這名護理師是她的保險公司派來評估她的失智症以及需要照護的程度。

「喔，有啊！我住在我女兒家！」

「妳跟她住在一起多久？」

「幾天。或許一星期。」

「一星期？」護理師做了筆記。

「真好，」我媽高興地看著我說。「她能在那段時間幫我真的很好。」

一星期。我們同居的一年在她的回憶裡被濃縮了。她跟那名護理師講述了她如何決定賣掉房子，如何找到房仲以及出售她的物品。她說我哥搬去了聖路易。後來，我必須告訴那位護理師，她講的故事沒有一個字是真的。

13

有些字眼感覺良好，有些則令人痛苦。

運動員。每當路易士跟我提起這個字眼，我都會閃避。

我們撰寫故事，告訴自己，我是這樣，不是那樣。故事歷久不衰。

「成為你可能是的人永不嫌遲。」這或許是我最喜歡的路易士格言。我蹲舉三百六十五磅的那一天，他對我說了這句話。

這個數字是舉重比賽的水準。感覺很不真實。我認為自己是內向的書呆子。我自認是變身前的超人，無論穿上緊身衣之後發生了什麼事。

有好長一段時間，我在健身房都達不到我想要做引體向上的目標。我卡在輔助重量四級。如果不是一位深金色頭髮的女士，我很可能放棄了。我讚賞地看著她輕鬆地拉上及降下。我下定決心，執著於練習。經過數周努力後，我終於進步到一級。

有一晚我做了很多下引體向上，正如路易士最初預言的。「我一直想要做到那樣，」一個渴望的聲音說。我回過頭來，正是我先前看過的那位女士。

「可是，妳……妳可以做引體向上啊。我看過妳做。」

「不是。」她搖搖頭。「不是真的做到。我使用阻力帶。」

阻力帶。我太專注於稱讚她，以致於從來沒看到支撐她的黑色阻力帶。

「我不認為那可以做到，老實說，」她笑著說。「現在，我相信了。妳激勵了我。」

她轉身離去，我還來不及告訴她，她才是激勵我的人，如果不是她，我就不會做引體向上。或許這便是其中奧妙。激勵我們的故事是神話，我們看到自己想要看到的。

我回想起自己腦海裡存在許久的那個神話，我的母親獨自照顧嬰兒，同時兼顧專業生涯。我容易上當或許不是那麼糟糕的事。這個錯覺幫助了我。沒有它的話，我不認為我可以做到我所做到的事。我需要那個錯覺，如同我需要在健身房對那位女士產生錯覺。

看清我們自己並不容易做到。我無法自稱是運動員，因為那必須面對我的童年。我不願意回想童年，如同我不願意回想母親拒絕搭機來看我。我希望她是那個願意為子女付出一切的母親。我的那一部分，女兒的身分，依然存在。

我以往認為，為人父母有個基本選擇，那就是你必須完全無私忘我，不然你就會變成一個需求無度的傢伙。現在，我看到中間地帶了。

和柔依在一起，我成為我自己。因為她，我變成更好的自我版本。她讓我想要做得更好，所以我做得更好。

河中的女人不是做出一個選擇，而是好幾個。她可以選擇放掉她的小孩，好讓自己變得更為強壯後，回到孩子身邊。在西雅圖時，我離開家裡去整夜開放的咖啡店，便是放掉了柔依。當我去上健身房，我放掉了她。我因為選擇了自己，而在變得更好後回到她身邊。

我回想起那位心理醫師努力想讓我看清楚的。我內心一直在為自己奮鬥，而我卻看不見。我把這份功勞獻給我媽。我瘋狂地想要相信有人支持我，於是在腦中塑造她，告訴自己是她把我拉上去。我把她想成是一條輔助帶，支撐了我的重量，因為我不想要獨自一人待在槓上。向來都是我把自己拉上去。我只是不想面對而已。

一個人的故事，像是重量訓練，需要不斷重複。運動員有所謂的肌肉記憶。改變一個人的運動模式就像改變一個人的內心獨白一樣困難。身體堅持舊模式，即便大腦有更好的想法。

值得一提的是，路易士蓄著黑色鬍子、橄欖色皮膚，與我父親極為相似。但他是仁慈版。我有時覺得和他在一起的時間，比心理諮商更有效果。

「妳或許不認為自己是個運動員，不過沒關係。」路易士笑著說。「妳就是。」

作家。運動員。母親。有些用語立刻便能套用，有些則需要時間。重要的是我們傾聽異議，重視讓我們不安的事情。無論我們眼前有什麼證據，我們告訴自己的故事總是占上風。那就是故事的力量，卻也是它們的危險。

14

我認為，答案是確保我不會重蹈覆轍。

答案是誠實而不是給人留下印象，脆弱而不是驕傲，真實而不是神話。

答案是告訴人家：「你知道，站在河中是很辛苦的。我不知道我還能再承受多少。幸好有電話，而我打電話求救了。」

我不希望給我女兒浮誇的英勇事蹟，日後令她覺得反感。如果我像我媽那樣編輯故事，這裡省略，那裡粉飾，我女兒會在她腦海裡認定我是不曾掙扎過的人。

「妳何時知道自己想要成為作家，媽咪？」她最近問。

我差點就要回答：「我向來都知道。」讀醫科預備課程、擔任管理顧問、在學術界，和在非營利機構工作的我，聽到了一定覺得很新鮮——全部都是互相矛盾的自我版本。「我花了好多年才明白，」我誠懇地告訴柔依。「即便我有點明白時，我還是不敢去做。有時候這種事情就是要花上一段時間。」

這是我想要女兒知道的。這是我想要未來的自己知道的（「未來的自己」，我指的是兩小時後會以新型態遭遇這個相同問題的人）。

我所獲得的協助幫了我的忙。跟心理醫師諮商幫了我的忙。每次我求救都幫上了我的忙。

我不後悔尋求協助。我後悔苛待自己的時間。我原本可以感覺如獲自由，卻心懷愧疚。

神話很好，只是不很實用。

15

「她還認得妳嗎？」聽到我媽失智時，每個人都問我這個問題。他們想像我媽是穿著粉紅浴袍在街上亂逛的瘋癲老嫗，和我以前所想的一樣。

我告訴他們，我媽認得我。問題是，我不認得她。

我已經有一段時間沒把她當成「媽」了。我把她當成「外婆」，或者，單純就是「她」。我明天會去看她。見到她的時候，我還是叫她「媽」，這是為了她好，或許如同以前凱倫那樣對我。我擔任提醒者的角色。我的工作是把她定錨，好讓她不會漂走。我叫她「媽」，好給她一個自己是誰的故事。

等到八月時，她房間牆壁上最後一紙告示也拿掉了。我不知道她是何時拿掉的。她不再問何時要回去我家。她不再提房屋裝修的事。就這樣，藉口消失了。

九月時，她生氣盎然。我去探望時，她從不在房間內。她和朋友出去了。他們成天待在一塊，從早餐到午餐到晚餐都一起。她在餐廳裡成為眾人的焦點。我只得留給她語音訊息。

療養機構像是一艘沒有目的地的郵輪，永遠行駛在海上。生活環繞著用餐與活動。我媽不喝酒，可是她享受自己的歡樂時光，朋友們唱歌時替她們歡呼。有時我去探望時，她還會不高興。「我要去玩賓果，」她說。

這或許是她人生最快樂的時期。不只我不認得她；我很確定她也不認得自己。她在療養機構裡不會收到帳單或郵件。全都寄給我了。她連問都不問。

她的閨蜜圈很有趣，他們都不知道彼此的姓名。「我的朋友們，」她說。她們混在一起。和小孩一樣，她們很開心可以共度一天。為什麼要知道姓名，反正記不住。他們記得需要知道的即可。「她來自佛羅里達州。」「她有七個孫兒。」他們一起去看電影或逛花園。他們說說笑笑。他們在彼此眼中可愛極了。

若是有人相同的故事講了十多遍，他們也沒有意見。他們不會質問對方可疑的說詞。「我兒子搬去聖路易以後，我決定賣掉房子，」我媽說。她的朋友笑著，同意地點頭。他們訴說自己的故事。他們相信對方。人生如此，夫復何求？

長久以來，我不敢放手。我想像可怕的後果。我想像我媽孤單害怕，沒有我便活不下去。我告訴自己，療養機構絕對不可能像我家那麼好。我從未想像會是更好。

我為了自己而讓她搬出我家，她卻獲得了助益。她得到和我在一起所欠缺的：同儕，不會糾正她的聽眾。我想要為我媽做到這點，但我做不到。

「瑪尼什現在在聖路易，對吧？」她說。

「不對，媽，他在康乃狄克。」

「柔依一年級過得如何？」

「很好。不過，她是三年級。」

我知道我不該糾正她。我努力想要聽著就好，不要回嘴。我看著她拋出魚桿，魚線飛得又高又遠。最後鉤住了。

「妳記得我們租了一輛車，開車在歐洲玩了一個月？」

「蛤，」我清清耳朵。「沒有這件事，媽。」

「喔。」

我讓她回到了現實。那不是禮物，而是一條又黏又醜、扭個不停的魚。她寧可讓她的魚線隨意飛舞。

16

去探望她，並不是一直都很容易。不只是因為她不再問起她的帳單和財務。她不再問起我。

「妳最近在寫些什麼？」「妳晚餐煮了些什麼？」「妳何時要去採購雜貨？」「柔依上學時，妳有足夠時間工作嗎？」「妳會懷念西雅圖嗎？」「妳喜歡妳的主編嗎？」「鄰居們怎麼樣？」

這些是她以前會問的問題，任何細節都不放過。她會想要知道我的生活的每個環節。她問問題，而我覺得理所當然，我們輕鬆地問答，魔法門一直都在。然後，她開始重複相同問題，而我變得惱怒。我忘記要感恩她的問題，因為我太在乎她總是忘了我的回答。

現在我們講話時，我成為傾聽的人。我試著對她沒有任何預期，但這是一項不可能的任務。放任她隨意講話，就等於放任她忘記她自己。

我想念她，但這種說法並不完全正確。事實是，我想念有人可以想念。我很難想起來她以前的樣子。阿茲海默症奪走她的記憶，也奪走了我的記憶。

失智並不會猛然拽走一個人，而是緩慢吸光。你逐步、隱約地失去一個人，如此細微以致你一開始察覺不出。有時我聽到人們哀悼地談起他們仍能聽見心愛之人的聲音。我羨慕那些人。我嫉妒他們的哀傷。

瑪育迪，沙努迪，拉努迪。自從她講這些字，像拉霸機上連起來的櫻桃的這三個名字，已經過了多久了？柔依生下來後就沒有過。我女兒對我而言像是中樂透，我媽對我而言卻是輸大了。我猜想，我失去兩個她：實際的她，以及我腦中建構的她。但在這個過程中，我獲得了一些新觀點。

開心、快活、擅於社交、滿頭白髮、體型發福的女人：這是我去探望的女人。她一看到我，整個人精神都來了。「來，來，妳一定要認識我的朋友！」她大喊。

我去探視時，她常常把我當成第一次去。她試著為我導覽。她說明安養機構是如何運作。「人們想吃的時候都可以去吃。他們並沒有設定用餐時間，」她自豪地說。「還有，他們不會逼你去做活動，這很棒。」轉眼之間，她已經由新鮮人升等到導覽員了。

她的容貌變了。不只是因為她的體重增加。她的前額飽滿，眼睛不再因為猜疑而瞇起來。用醫學術語來說，她的情感也變了。她看上去很幸福。

「我選擇這個房間，因為這是在一樓，」她解釋。「如此一來，我就不必搭電梯。」

她是誰？這是個有趣的問題。當我問她印度的事或者親戚來訪時，我偶爾會瞥見以前的她。過往的體驗攪亂了她，就像舊有的肌肉被啟動一樣。我想要跟她說，妳讓我想起我媽。我懷念她皺眉頭。我懷念她嚴厲的批評。我懷念她傲慢、自大、強悍的時候。我想念我媽。

一些來探訪的親戚是她以前斷絕往來的人，她在離婚後便拒絕跟他們聯絡。她不記得自己從前的埋怨。我很滿意這點。她會見表親，而且歡迎他們，提議為他們導覽。「你一定要認識我的朋友！」她說。

或許河中女人的故事有另一種版本。或許在她放手時，小孩學會了游泳。那個女人也學會了。他們一起在河中的時間使他們變得更為堅強。他們各自游向對岸。

我覺得我必須做到這件事，才能真正算是成人，縫合過去與現在，調合我媽的神話與現實，擁抱她，然後放她走。我思索她以前在我看來是怎樣的人。我學習她在自己看來是怎樣的人。我看著她逐漸消失。在她消褪之際，我找到我自己。

我們如今抵達不同的河岸。她抛出她的魚線，讓它飛舞。她是個說故事者，因為故事而開心。我最喜歡的時間是她不知道我也在那裡。「聽著，」她向圍成一圈的女士們說，來自佛羅里達州的，有七個孫兒的。「聽聽我以前發生的事。」她們微笑的臉龐向前倚，渴望著。她的魚線在陽光下閃爍。沒有我，那個時刻是完美的。

後記

一個冬日下午，柔依放學後，我和她坐在廚房裡。她打定主意了，她喜歡喝茶。我們一起喝著茶，加奶加糖，她講述學校的一天。她告訴我，四年級的數學隊、下課時有趣的事情、走路回家途中看見的藍色松鴉與北美紅雀。我聽著並點頭。

母親搬去安養機構已經十八個月，久到初期光芒都消褪了。她在那裡的軌跡令我回想起我的大學時代：大一很興奮，然後是預期中的大二沉悶。我猜想，她現在像個大三學生，既不驕傲也不頹廢。她交到了朋友。她們仍然一起走去吃飯與參加活動，可是有時候，她跟她們分開，在自己房間休息。有時我打電話給她，她還會自己接聽。

這個安養機構座落在山丘上。「我從這兒可以看見妳家，」她像在做夢地說。我內心猶豫不決，我是不是不應該參與她的幻想。我的默認偶爾令人感覺挫敗。

她認得我是誰，可是組織架構圖越來越混亂。「蘭達斯過世真是太遺憾了，」她有一天說。我的頭搖得像波浪鼓，頸子都快抽筋了。讓我訝異的並不是她亂講我爸的情況，他還活得好好的，而是她大聲講出他的名字。她對我們關係的掌握，以往受到嚴格規範，如今已然鬆散。假如我的父親真的過世，我不確定是否會告知她。看起來，她早已在哀悼他了。

我媽和其他失智症患者的不同之處在於一個重要層面：她不會亂跑。這表示她可以跟安養機構的一般人住在一起，而不必住在門禁樓層。這也表示她得以操弄新來的員工。她說服一名醫師，她不需要服用愛憶欣。她說服一名醫護人員，她等一下就會吃「營養補充品」，而不是當場吃掉。我知道這件事，因為我在她的櫃子裡找到一堆藥丸。「她跟我說，她是名精神科醫師，」那名醫護人員說著，聽起來混身顫抖。「她跟我說，她跟其他失智的住院者不一樣。」

不足或超過？我放鬆掌控錯了嗎，抑或加強掌控錯了？這是照顧者與為人父母經常有的問題。我可以把母親轉到門禁樓層。這必然會讓我輕鬆一些。我媽會被指派一名核心照顧者，摸透她的各種把戲。這令人安心，但也有附加代價。她會失去朋友。更重要的是，她會失去獨立性——她的故事。

或許，何時與如何放手的問題，才是渡河女人的真正寓意。我想到我媽，柔依，甚至我自己。我們何時放手讓他人走？我們自己究竟是誰？

直到最近，我才領悟到我對母親的感受——深沉、椎心的哀傷。這種感情爬上我的心頭。在健康檢查時替我抽血的一名護理師，在用酒精擦拭後，又對著打針處吹氣。我想像母親訓斥她，便熱淚盈眶。「妳還好嗎？」那名護理師憂慮地問。

跟校長隨口閒聊、差點跟一名分心的駕駛發生車禍、被我搞丟的便宜耳環——這些都是以前我會跟母親分享的瑣事。無論這些事情再怎麼細瑣，無論再怎麼微不足道，但是她在聽這些事情時扮演了一個角色。傾聽絕對不是微不足道，她的病人明白這點，我也明白。

當我媽問說，「妳還好嗎？」她是真心的。我懷念我的生活中有人關心這些細節，有人給我空間讓我從容展現自我。我不認為有人可以取代。沒有人可以像媽媽一樣，傾聽所有小事。我確實在回想她、她以前模樣的時候感到痛苦，但是我在她離開之後遺留下來的空間、明顯的空洞，深切感受到她。在為她哀傷之際，我記起一切。

我在自己做出為人母親的選擇時，想起了她。我和女兒坐著喝茶，延續了她傾聽的傳承。我在柔依還年幼時便設定那段時光，則是背離她的傳承。

柔依對我吐露更多心聲，或許是因為她覺得我有空了。她問我一些直白的問題，我則是儘可能據實以告。我由我媽身上學到，最難以啟齒的答案是最必要的。我不埋怨我媽選擇了她自己，我只是希望她接受了選擇。

一個女人選擇了自己，代表著什麼？它代表著有勇氣去正視自己的價值。長久以來，我一直做不到這點。我製造出幻覺。

我學著肯定自我。我認為，這是舉重一開始便吸引我之處。這項運動讓我接受我向來迴避的事情：我的力量。當你一肩扛起數百磅的東西，你不可能宣稱這是別人的功勞。雖然我以前會堅稱那是我睿智的訓練師給了我力量，如今我明白路易士並未將我鍛鍊成運動員。我早就是了。

我與柔依的情感更加親密。這對我意義非凡。回想起來，我明白我最喜愛與母親相處的時光，並不是我覺得她知曉一切，而是我們互相依偎的時候。

我現在對於河流的心得是，我的女兒幫助了我渡河。她照亮路途。因為她，我看到選擇我自己對我們兩人都有好處。我更能好好過自己的人生，更有意識、更有毅力。我的女兒賦予我光輝、圓滿的人生。

我亦看到，我並未失去母親。她活在我和柔依身上。柔依有一種獨特的坐姿，打從學步時期她便喜愛這個姿勢。她把下巴倚在一邊膝蓋，另一條腿彎曲壓在她身子底下，每次我嘗試這個姿勢都會傾倒。我看過唯一有著相同坐姿的人是我媽。

柔依屬於她自己。她熱愛科學，跟她外婆一樣，但是她也熱愛閱讀，和我一樣。另外，還有些她喜愛的事情是完全她獨有的。她將打造自己的路途。

我們環環相扣，她和外婆和我。像俄羅斯娃娃一樣，我們彼此包容，未來與過去密不可分。我想起文學裡的空話：過去甚至不是過去。我們生生不息。說得真對。倒退反而是前進。

所以，我放手了。我放開柔依，再把她帶回我身邊。每次我放手的時間久一點，每回我選擇自己時減少了遲疑，直到有一天，我們將彼此對望，體會到我們已成為強壯的泳者。最後，她會抵達不同的彼岸。她會轉過頭來看到我，比她記憶中來得渺小。我會笑著對她大喊說，我為她感到驕傲。

人生顧問 425

我們所能承擔的，多過我們所能想像

What We Carry: A Memoir

作　者—瑪雅・桑巴格・朗恩（Maya Shanbhag Lang）
譯　者—蕭美惠
編　者—張啟淵
企　劃—廖心瑜
資深企劃經理—何靜婷
封面設計—朱疋
內頁排版—極翔企業有限公司

董事長—趙政岷
出版者—時報文化出版企業股份有限公司
108019台北市和平西路三段二四〇號四樓
發行專線—（〇二）二三〇六六八四二
讀者服務專線—〇八〇〇二三一七〇五・（〇二）二三〇四七一〇三
讀者服務傳真—（〇二）二三〇四六八五八
郵撥—一九三四四七二四時報文化出版公司
信箱—10899台北華江橋郵局第九九信箱
時報悅讀網—http://www.readingtimes.com.tw
法律顧問—理律法律事務所　陳長文律師、李念祖律師
印　刷—紘億印刷有限公司
初版一刷—二〇二一年八月六日
定　價—新臺幣三五〇元
（缺頁或破損的書，請寄回更換）

時報文化出版公司成立於一九七五年，
並於一九九九年股票上櫃公開發行，於二〇〇八年脫離中時集團非屬旺中，
以「尊重智慧與創意的文化事業」為信念。

我們所能承擔的，多過我們所能想像/瑪雅.桑巴格.朗恩(Maya Shanbhag Lang)著；蕭美惠譯. -- 初版. -- 臺北市：時報文化出版企業股份有限公司, 2021.08
面；　公分
譯自：What we carry：a memoir
ISBN 978-957-13-9167-0（平裝）

1.朗恩(Lang, Maya Shanbhag)　2.傳記　3.女作家　4.美國

785.28　　　　110010163

What We Carry: A Memoir by Maya Shanbhag Lang

This edition arrangement with DeFiore and Company Literary Management, Inc.
through Andrew Nurnberg Associates International Limited

ISBN 978-957-13-9167-0
Printed in Taiwan